Philip König

Förderung der Lesekompetenz
durch kooperative und selbstgesteuerte Lernformen

Igel Verlag
Erziehungswissenschaften

Philip König

Förderung der Lesekompetenz durch kooperative und selbstgesteuerte Lernformen

GESELLSCHAFTSWISSENSCHAFTEN

Philip König

Förderung der Lesekompetenz durch kooperative und selbstgesteuerte Lernformen

1. Auflage 2009 | ISBN: 978-3-86815-234-0

© IGEL Verlag GmbH , 2009. Alle Rechte vorbehalten.

Die Deutsche Bibliothek verzeichnet diesen Titel in der Deutschen Nationalbibliografie. Bibliografische Daten sind unter http://dnb.ddb.de verfügbar.

Dieses Fachbuch wurde nach bestem Wissen und mit größtmöglicher Sorgfalt erstellt. Im Hinblick auf das Produkthaftungsgesetz weisen Autoren und Verlag darauf hin, dass inhaltliche Fehler und Änderungen nach Drucklegung dennoch nicht auszuschließen sind. Aus diesem Grund übernehmen Verlag und Autoren keine Haftung und Gewährleistung. Alle Angaben erfolgen ohne Gewähr.

INHALTSVERZEICHNIS

THEORETISCHER TEIL 9
1. Einleitung 9
2. Lesen 11
   2.1 Einleitung 11
   2.2 Lesekompetenz 12
   2.3 Theorien und Befunde zur Leseentwicklung 14
      2.3.1 Theoretische Ansätze 14
      2.3.2 Prozessebenen der Lesekompetenz 14
      2.3.3 Empirische Befunde zur Leseentwicklung im Kindes- und Jugendalter 15
      2.3.4 Die Theorie der Textverarbeitung und -repräsentation 17
   2.4 Determinanten der Lesekompetenz 18
      2.4.1 Arbeitsgedächtnis, Dekodierfähigkeit, Intelligenz, Wortschatz 18
      2.4.2 Selbstkonzept 20
      2.4.3 Lernstrategien 21
      2.4.4 Vorwissen 22
      2.4.5 Metakognition 23
      2.4.6 Merkmale des familiären Hintergrunds 24
      2.4.7 Individuelles bzw. thematisches Interesse 24
   2.5 Lesemotivation und Erwartungs-Wert-Modell 25
      2.5.1 Zum Begriff der Lesemotivation 25
      2.5.2 Erwartungs-Wert-Modell der Lesemotivation 26
      2.5.3 Die Wertkomponente: Will ich den Text lesen und warum? ... 27
      2.5.4 Die Erwartungskomponente: Werde ich den Text verstehen können? 28
   2.6 Zur Förderung der Lesekompetenz 29
      2.6.1 Beispiel für eine mögliche Fördermaßnahme 30
      2.6.2 Diskussion der Methode 32
   2.7 Zusammenfassung 32
3. Selbstgesteuertes Lernen 34
   3.1 Definition 34
   3.2 Funktionsbereiche und Verhaltensmerkmale 35
   3.3 Lernstrategien 36
      3.3.1 Taxonomie der Lernstrategien 37
      3.3.2 Kognitive Strategien 39
      3.3.3 Metakognitive Strategien 40
      3.3.4 Ressourcenmanagement 42
   3.4 Motivation 42
   3.5 Die Rolle des Lehrers 43

3.6 Modelle des selbstgesteuerten Lernens 44
   3.6.1 Zyklisches Modell *44*
   3.6.2 Dreischicht-Modell *46*
   3.6.3 Drei-Phasen-Modell *47*
3.7 Wie kann selbstgesteuertes Lernen in der Schule gefördert werden? 48
   3.7.1 Beispiel für ein Interventionsprogramm *51*
   3.7.2 Diskussion des Interventionsprogramms *52*
3.8 Transactional Strategy Instruction 53
   3.8.1 Förderung des Leseverständnisses durch SAIL *54*
3.9 Mögliche Probleme bei der Umsetzung in der Schule 55
3.10 Zusammenfassung 56
4. Kooperatives Lernen 58
   4.1 Definition 58
   4.2 Die drei Arten des kooperativen Lernens 59
   4.3 Grundelemente kooperativen Lernens 60
      4.3.1 Positive Interdependenz *60*
      4.3.2 Eigen- und Gruppenverantwortlichkeit *63*
      4.3.3 Unterstützende Interaktion *64*
      4.3.4 Erwerb sozialer Fertigkeiten *64*
      4.3.5 Evaluation *65*
   4.4 Die verschiedenen Gruppenformen 66
   4.5 Voraussetzungen für kooperatives Lernen 67
   4.6 Positive Effekte kooperativen Lernens 68
   4.7 Ablauf kooperativen Unterrichts 69
      4.7.1 Die Rolle des Lehrers *69*
      4.7.2 Teambildende Maßnahmen *70*
   4.8 Mögliche Probleme bei der Umsetzung in der Schule 71
   4.9 Beispiel für eine kooperative Lernmethode 73
      4.9.1 Diskussion der Methode *74*
   4.10 Zusammenfassung 75
5. Reziprokes Lehren 76
   5.1 Definition 76
   5.2 Lesestrategien 76
      5.2.1 Zusammenfassen *77*
      5.2.2 Fragen *77*
      5.2.3 Klären *78*
      5.2.4 Vorhersagen *78*
   5.3 Ablauf des Reziproken Lehrens 79
      5.3.1 Instruktion und Modellverhalten *79*
      5.3.2 Festlegung der Aufgaben- und Rollenverteilung *80*
      5.3.3 Beginn des Trainings *80*

5.3.4 Reziproke Dialoge *81*
5.3.5 Die Rolle des Lehrerkinds *81*
5.3.6 Die Rolle des Lehrers *82*
5.4 Indikation der Methode **82**
5.5 Wirksamkeit und Wirksamkeitsbedingungen **83**
5.5.1 Wirksamkeit der Lesestrategien *84*
5.5.2 Weitere Gründe für die Effektivität *85*
5.6 Forschungsstand **86**
5.7 Kooperative und selbstgesteuerte Elemente beim reziproken Lehren **87**
5.8 Synthese und Konsequenzen für die eigene Arbeit **88**
EMPIRISCHER TEIL **89**
6. Fragestellung und Hypothesen **89**
7. Untersuchungsmethode **90**
7.1 Beschreibung der Stichprobe **90**
7.2 Das Training **91**
7.2.1 Zeitlicher Ablauf des Trainings *91*
7.2.2 Inhaltlicher Ablauf des Trainings *91*
7.3 Materialien und Testvariablen **96**
7.3.1 Trainingstexte *96*
7.3.2 Testmaterialien im Überblick *96*
7.3.3 Leseverständnis *96*
7.3.4 Lesemotivation *97*
7.3.5 Selbstwirksamkeit *98*
7.3.6 Interesse an Sachtexten *98*
8. Ergebnisse **99**
8.1 Leseverständnis **99**
8.1.1 Leseverständnis in Abhängigkeit vom Geschlecht *100*
8.1.2 Leseverständnis in Abhängigkeit von dem Leistungsniveau *101*
8.2 Lesemotivation **102**
8.2.1 Lesemotivation in Abhängigkeit vom Geschlecht *102*
8.2.2 Lesemotivation in Abhängigkeit vom Leistungsniveau *103*
8.3 Selbstwirksamkeit **104**
8.3.1 Selbstwirksamkeit in Abhängigkeit vom Geschlecht *104*
8.3.2 Selbstwirksamkeit in Abhängigkeit vom Leistungsniveau *105*
8.4 Interesse an Sachtexten **106**
8.4.1 Interesse an Sachtexten in Abhängigkeit vom Geschlecht *106*
8.4.2 Interesse an Sachtexten in Abhängigkeit vom Leistungsniveau *107*
9. Diskussion **108**
9.1 Trainingseffekte **108**
9.1.1 Leseverständnis *108*
9.1.2 Lesemotivation *109*

9.1.3 Selbstwirksamkeit *110*
9.1.4 Interesse an Sachtexten *110*
9.1.5 Zusammenfassung *111*
9.2 Durchführung des Trainings **111**
9.2.1 Anzahl der Trainingssitzungen pro Woche *111*
9.2.2 Motivation der Schüler *112*
9.2.3 Kooperation *113*
9.2.4 Dialog *114*
9.2.5 Lesematerial *114*
9.2.6 Einnehmen der Lehrerrolle *115*
9.2.7 Strategieanwendung *115*
9.2.8 Ablauf *116*
9.3 Ausblick **116**
10. Zusammenfassung **120**
11. Anhang **121**
11.1 Literaturverzeichnis **121**
11.2 Quellenverzeichnis **128**
11.3 Abbildungsverzeichnis **128**
11.1 Literaturverzeichnis **137**
11.2 Quellenverzeichnis **145**
11.3 Abbildungsverzeichnis **145**

THEORETISCHER TEIL

1. Einleitung

"Reading is central to learning—in school, in the workplace, and in everyday life. How well children learn to read sets the foundation for their future success" (Texas Education Agency, 2002).

Seit Ende des Jahres 2001 ist es kein Geheimnis mehr, dass deutsche Schüler im Bereich des Lesens und Leseverständnisses enorme Defizite aufweisen. Die PISA-Studie 2000 hat eindrucksvoll gezeigt, dass die Lesekompetenz der 15-jährigen Schüler nicht nur sehr durchschnittlich ist, sondern auch eine große Streuung der Leistungen der deutschen Schüler existiert. Der Abstand zwischen den Ergebnissen der leistungsschwächsten und der leistungsstärksten Schüler ist breiter als in allen anderen Teilnehmerstaaten, obwohl auch im oberen Leistungsbereich nur durchschnittliche Ergebnisse erzielt wurden. Auch bei PISA 2003 konnten keine statistisch abgesicherten Verbesserungen der Lesekompetenz festgestellt werden.

Lesen gilt als eine universelle Kulturtechnik, die eine Teilhabe am sozialen und kulturellen Leben ermöglicht (vgl. Spörer, Brunstein & Arbeiter, 2007). Weiterhin gilt die Lesekompetenz als Voraussetzung für den Aufbau von Wissensstrukturen und die Fähigkeit, sich lebenslang selbstständig weiterzubilden. Demnach erwarten Schüler mit einer geringen Lesekompetenz viele Schwierigkeiten, vor allem in Bezug auf eine berufliche Ausbildung und gesellschaftliche Teilhabe.

Aufgabe und Ziel der Institution Schule muss sein, die Lesekompetenz der Schüler, vor allem in der Sekundarstufe I, effektiv zu fördern, um ihre gegenwärtigen und künftigen Chancen zur sozialen, kulturellen, wirtschaftlichen und politischen Partizipation zu erhöhen.

Da es dem deutschen Schulsystem offensichtlich nicht gelingt, die leistungsschwachen Schüler angemessen zu fördern (vgl. Spörer et al., 2007), ist es von großer Bedeutung, Methoden zu entwickeln und zu erforschen, die in den Unterricht integriert werden können und die Lesekompetenz der Schüler nachhaltig fördern.

Nach der Veröffentlichung der PISA-Ergebnisse wurde vorgeschlagen, die Schüler vermehrt selbstständig und kooperativ lernen zu lassen. Beide Ansätze sind ein Schritt in die richtige Richtung. Ihnen ist gemein, dass der Lerner nicht mehr als passiver Wissensempfänger, sondern als aktiver Wissenskonstrukteur angesehen wird. Das Lernen wird also als Informationsverarbeitung verstanden, wobei der individuelle und konstruktive Charakter des Wissensaufbaus besonders hervorgehoben wird. Beide Lernformen sind sehr effektiv und können positiv genutzt werden, um das Leseverständnis zu fördern.

Darüber hinaus kommt es durch die Anwendung selbstgesteuerter Lernformen zu der Ausbildung einer Selbstbildungskompetenz, die als Voraussetzung für die Fähigkeit des „lebenslangen Lernens" gilt.

Der Kern dieser Untersuchung ist das reziproke Lehren, welches eine Kombination aus kooperativen und selbstgesteuerten Lernformen darstellt.

Im empirischen Teil der Untersuchung wird untersucht, ob reziprokes Lehren ohne Weiteres in den Regelunterricht einer sechsten Klasse implementiert werden kann. Ferner wird geprüft, ob das Leseverständnis der Schüler durch die Interventionsmethode verbessert wird und welche Schüler am meisten davon profitieren. Weiterhin werden die Probleme analysiert, die bei der Durchführung auftreten. Im Rahmen dieser Untersuchung können die Wirkungsweise und Effektivität des reziproken Lehrens jedoch nur exemplarisch dargestellt werden.

Die Untersuchung stellt eine Kombination aus theoretischen Grundlagen und empirischen Untersuchungen dar. Im theoretischen Teil wird zunächst ausführlich auf die theoretischen Grundlagen der Lesekompetenz, des selbstgesteuerten Lernens, des kooperativen Lernens und des reziproken Lehrens eingegangen, um ein grundlegendes Verständnis für die im empirischen Teil wichtigen Theorien zu vermitteln.

Im empirischen Teil wird dargestellt, wie man durch die Implementierung des reziproken Lehrens in den Regelunterricht das Leseverständnis fördern kann. Dazu gehören eine genaue Erklärung der durchgeführten Studie, deren Ergebnisbewertung und die Diskussion der Ergebnisse.

Abschließend möchte ich noch darauf hinweisen, dass aus Gründen der besseren Lesbarkeit die Bezeichnungen Schüler oder Lehrer als Rollenbegriff sowohl für die weiblichen als auch für die männlichen Formen benutzt werden. Wenn von PISA berichtet wird, beziehen sich die Aussagen stets auf die PISA-Studie 2000.

2. Lesen

2.1 Einleitung

McElvany (2008) nennt eine Definition des Lesens, die Lesen als „visuelles (bei Blinden taktiles) Wahrnehmen und Verstehen von Schriftzeichen" charakterisiert (S. 13). Nach Schnotz und Dutke (2004) meint der Begriff des Lesens im Alltagsverständnis die geistige Verarbeitung eines Textes mit dem Ziel, dessen Bedeutung zu erfassen. Sie stellen Texte als Kommunikationsinstrumente dar, mit denen Autoren den Lesern eine Mitteilung über einen Sachverhalt machen. Die Kommunikation zwischen Leser und Autor gilt als erfolgreich, wenn der Leser versteht, was der Autor meint.

Die Fähigkeit zu Lesen ist ein zentrales kulturelles Werkzeug und eine Schlüsselqualifikation für die Teilnahme am sozialen, politischen, kulturellen und wirtschaftlichen Leben (vgl. McElvany, 2008). Sie ermöglicht den Menschen, Informationen aller Art aufzunehmen und somit neues Wissen aufzubauen.

Lesen umfasst jedoch nicht nur die Funktion des Erwerbs und Erweiterns von Wissen, sondern auch die der Vermittlung von Ideen, Werten und kulturellen Inhalten. Zudem kann Lesen dem Spaß oder der Entspannung dienen (vgl. McElvany, 2008).

In Zeiten von PISA und einer durch die Industrialisierung und Globalisierung immer größer werdenden Nachfrage an hochqualifizierten Arbeitskräften, ist die Forderung nach lebenslangem Lernen in aller Munde. Mit dieser Forderung ist die Fähigkeit des sinnverstehenden Lesens eng verknüpft, da sie eine Voraussetzung für schulischen sowie beruflichen Erfolg und lebenslanges Lernen darstellt. Lesekompetenz gilt als Bedingung für die Möglichkeit, sich lebenslang selbstständig weiterzubilden. Aus diesem Grund ist die erfolgreiche Vermittlung von Lesekompetenz ein wesentliches Ziel schulischer Lern- und Bildungsprozesse.

Auf Grund der Ergebnisse der PISA-Studie konnten Forscher zeigen, dass die Lesekompetenz bei gleichzeitiger Berücksichtigung der Schülerbedingungen – hinsichtlich der kognitiven Grundfähigkeiten, des Geschlechts, des mathematischen Selbstkonzepts und des sozioökonomischen Status – das größte relative Gewicht für die Schülerleistung beim (allerdings relativ sprachlastigen) Pisa-Mathematiktest war (vgl. McElvany, 2008). Dies macht deutlich, dass die Lesekompetenz für alle Fächer von großer Bedeutung ist und die schulischen und beruflichen Leistungen wesentlich beeinflusst.

Nach McElvany (2008) haben aktuelle Studien gezeigt, dass deutsche Schüler erhebliche Defizite in der Lesefähigkeit aufweisen. Die beiden größten Probleme dabei sind, dass die Streuung der Lesekompetenzen zwischen schlechten und guten Schülern sehr groß ist und viele junge Menschen nicht einmal elementare Leseleistungen erbringen können und daher als „potenzielle Risikogruppe" eingestuft werden.

Im Folgenden geht es darum, den Prozess der Leseentwicklung zu analysieren, die Determinanten der Lesekompetenz herauszuarbeiten und wissenschaftliche Befunde zu sammeln, die bei der Förderung der Lesekompetenz hilfreich sein könnten, um im weiteren Verlauf dieser Untersuchung die Effektivität von Förderungsansätzen und Interventionsmaßnahmen beurteilen zu können.

2.2 Lesekompetenz

Lesekompetenz ist ein vielseitiger Begriff, der in der Literatur nicht eindeutig definiert und oft im Zusammenhang mit den Begriffen Lesefähigkeit, Lesefertigkeit und Leseverständnis verwendet wird.

Man kann von Lesefähigkeit sprechen, wenn aus grafischen Gebilden visuelle Informationen abgeleitet und deren Bedeutung verstanden wird.

Nach Rost (2006) ist Lesefertigkeit, welche die Kompetenz umfasst, Grapheme in Phoneme umzusetzen, klar von Leseverständnis, welches die Kompetenz umfasst, aus Geschriebenem den Sinngehalt zu entnehmen, zu unterscheiden. Lesen als Sammelbegriff umfasst nach Rost (2006) beide Aspekte.

Ein anderer Autor beschreibt Leseverständnis als Wechselwirkung von Assimilation und Akkomodation, bei der einerseits Inhalte in vorhandene kognitive Modelle und Schemata eingeordnet (Assimilation) und andererseits die Schemata bei einer Erweiterung des Wissens oder bei Verständnisproblemen verändert (Akkomodation) werden (vgl. McElvany, 2008).

Artelt et al. (2004) erläutern, dass in der PISA-Studie mehr unter Lesekompetenz verstanden wird, als einfach nur lesen zu können. Im Mittelpunkt der internationalen Konzeption von Lesekompetenz steht ihrer Meinung nach vielmehr der auf Verstehen, zielgerichtete Informationsentnahme, Reflektieren und Bewerten ausgerichtete Umgang mit lebenspraktisch relevantem Textmaterial. Nach McElvany (2008) wird die Lesekompetenz „durch unterschiedliche Teilfähigkeiten konstituiert, die miteinander interagieren und im Lese- und Verstehensprozess teilweise automatisiert und teilweise bewusst gesteuert ablaufen" (S. 14). Lesekompetenz kann demnach als eine Eigenschaft verstanden werden, die Personen dazu befähigt, bestimmte Arten von text- und lesebezogenen Anforderungen erfolgreich zu bewältigen. (vgl. McElvany, 2008).

Schnotz und Dutke (2004) machen gezielt darauf aufmerksam, dass schriftliche Dokumente heute meist ein Konglomerat aus verbaler und piktorialer Information sind und sehen Lesekompetenz deshalb als Fähigkeit, schriftliche Dokumente zu verstehen, in denen sowohl verbale Informationen in Form von Schriftzeichen, als auch piktoriale Informationen in Form von Bildzeichen enthalten sind. Sie beschreiben Lesekompetenz als die Fähigkeit zum Verstehen von multiplen Darstellungen in schriftlichen Dokumenten, die Texte, Bilder, Diagramme, Tabellen oder andere Arten externer Repräsentationen enthalten können.

Groeben und Hurrelmann (2002) verstehen Leseverständnis, bzw. Lesekompetenz „als Ergebnis von Sozialisation", „in der interindividuell unterschiedliche Dispositionen (Persönlichkeitseigenschaften), bereits erworbene (schrift-) sprachliche Rezeptionsfähigkeiten und neue Situationsanforderungen der Lektüre miteinander interagieren" (S. 276). Auch sie sprechen dabei von unterschiedlichen, miteinander interagierenden Dimensionen der Lesekompetenz und definieren, dass „zur Lesekompetenz nicht nur bestimmte kognitive Leistungen [gehören], sondern auch emotionale und motivationale Fähigkeiten, außerdem Fähigkeiten zur Reflexion und zur Weiterverarbeitung des Verstandenen in Anschlusskommunikation im Rahmen sozialer Interaktion" (S. 276).

Nach McElvany (2008) umfasst Lesekompetenz beim Lesen von Texten den Prozess einer mentalen Repräsentation semantischer Textstrukturen. Sie schildert, dass zu diesem Prozess die lokale Kohärenzbildung (semantische Zusammenhänge zwischen aufeinander folgenden Sätzen) und die globale Kohärenzbildung (semantische Zusammenhänge zwischen größeren Textabschnitten) gehören.

Im Rahmen der PISA-Studie wurden fünf Anforderungsbereiche (Modell der Lesekompetenz nach Kirsch und Mosenthal) der Lesekompetenz unterschieden. Diese Anforderungsbereiche werden unterteilt in die textimmanenten Verstehensleistungen „Informationen ermitteln", „ein allgemeines Verständnis des Textes entwickeln" und „eine textbezogene Interpretation entwickeln" sowie die wissensbasierten Verstehensleistungen „über den Inhalt des Textes reflektieren" und „über die Form des Textes reflektieren". Später wurden die fünf Anforderungsbereiche zu drei Subskalen zusammengefasst. Daraus entstanden die Subskalen „Informationen ermitteln", „textbezogenes Interpretieren" und „Reflektieren und Bewerten".

Nach McElvany (2008) wird eine Erweiterung des im PISA-Kontext geprägten Lesekompetenzbegriffs gefordert, da das Verstehen von Texten und das Lernen aus den Texten als zwei grundlegende Formen der Lesekompetenz betrachtet werden müssen.

Obwohl die Schüler in der Grundschule alle die gleiche Ausbildung erhalten und die Entwicklung der Lesekompetenz bei allen Menschen theoretisch gleich abläuft, gibt es zwischen Kindern wie auch Erwachsenen erhebliche Unterschiede in der Fähigkeit, kompetent zu lesen. Um die individuellen Unterschiede zwischen Personen erklären zu können, ist es von großer Bedeutung, zu wissen, wie sich Lesekompetenz entwickelt und durch welche Determinanten sie beeinflusst wird.

2.3 Theorien und Befunde zur Leseentwicklung

2.3.1 Theoretische Ansätze

Stanat und Schneider (2004) stellen verschiedene Stufen der Leseentwicklung dar. Die erste Stufe bezeichnen Stanat und Schneider (2004) als logographische Stufe. Die Autoren sprechen von einem „direkten Worterkennen" oder „logographischem Lesen", dass dadurch gekennzeichnet ist, dass Kinder die Wörter anhand der einzelnen Buchstaben mit Hilfe von visuellen Merkmalen und durch den Kontext erkennen. Sie führen auf, dass im Gegensatz zum angloamerikanischen Raum, die logographische Stufe im deutschsprachigen Raum auf Grund der regulären Orthographie kaum ins Gewicht fällt und innerhalb des ersten Schuljahres von der alphabetischen Stufe abgelöst wird. Haben die Kinder die alphabetische Stufe erreicht, erlesen sie sich die Wörter sequenziell. Im deutschsprachigen Raum lernen sie in der ersten Klasse, Grapheme bestimmten Lauten zuzuordnen und werden dadurch befähigt, auch unbekannte Wörter zu lesen. Trotz der entscheidenden Fortschritte, die die Schüler in der ersten Klasse machen, weisen die Autoren auf enorme interindividuelle Unterschiede in der Lesegeschwindigkeit hin.

Nach Stanat und Schneider (2004) beansprucht die Worterkennung im Laufe der Grundschulzeit immer weniger Zeit und auch einen geringeren Anteil der Aufmerksamkeitskapazität. Es erfolgt ein allmählicher Übergang in die Stufe der orthographischen Strategien, der den Schülern ermöglicht, immer größere Einheiten simultan zu beachten. Dadurch ist es nach Stanat und Schneider (2004) immer weniger erforderlich, einzelne Wörter phonologisch zu rekodieren, da über die Erfassung von größeren Worteinheiten, wie Silben, direkt auf ein spezifisches schriftsprachliches bzw. orthographisches Lexikon zugegriffen wird, wodurch ermöglicht wird, eine Wortbedeutung zu erfassen.

2.3.2 Prozessebenen der Lesekompetenz

Stanat und Schneider (2004) fassen zusammen, dass sich moderne Theorien der Lesekompetenz mehr oder weniger explizit auf hierarchische Modelle des Lesens bzw. Textverstehens beziehen und dabei Teilprozesse auf verschiedenen Verarbeitungsebenen analysieren. Dabei spielt den Autoren zufolge neben den Ebenen der Buchstaben- und Worterkennung die Fähigkeit zur syntaktischen und semantischen Analyse von Wortfolgen bis hin zur satzübergreifenden Analyse von Textstrukturen bei der Erfassung von Lesekompetenz eine wichtige Rolle. Die von den Autoren analysierten Theorien unterscheiden sich vor allem darin, wie das Zusammenspiel der unterschiedlichen Ebenen modelliert wird.

Interaktionistische Modelle gehen nach Stanat und Schneider (2004) davon aus, dass hierarchieniedrige und hierarchiehohe Prozessebenen gleichzeitig oder in zeitlicher Überlappung aktiviert sein können, das heißt, dass höhere Prozesse bereits einsetzen, bevor die niedrigeren abgeschlossen sind. Die Autoren beschreiben, dass diesen Modellen zufolge Wörter im natürlichen Leseprozess nicht isoliert, sondern in einem weiteren sprachlichen Kontext verarbeitet werden. Demnach bestimmt der sprachliche Kontext die Wortidentifikation zu einem beträchtlichen Teil mit. Weiterhin behaupten die Autoren, dass ein Satz nur dadurch verstanden wird, dass Wortfolgen auf der Basis ihrer semantischen Relationen aufeinander bezogen und zu Propositionen, also zu semantischen Sinneinheiten, integriert werden. Demnach reicht die Identifikation einzelner Wörter zum Verstehen eines Satzes nicht aus.

Kontinuierliche Texte zeichnen sich nach Schnotz und Dutke (2004) im Vergleich zu beliebig aneinander gereihten Sätzen durch Kohärenz aus. Um Texte zu verstehen, muss man die Zusammenhänge derselben Texte mental nachkonstruieren. Die semantische Relation zwischen aufeinander folgenden Sätzen nennt man „lokale Kohärenzbildung". Stanat und Schneider (2004) beschreiben dies als einen in der Regel automatisch ablaufenden und nicht strategischen Prozess, in dem der Leser unter Rückgriff auf sein inhaltsbezogenes oder allgemeines Weltwissen Verknüpfungen zwischen Propositionen herstellt. Unter „globaler Kohärenzherstellung" verstehen die Autoren, wenn beim Lesen längerer und komplexerer Texte Propositionsfolgen in Form von größeren Textteilen analysiert werden, um den globalen inhaltlichen Zusammenhang auf höherer Abstraktionsebene zu erfassen. Ihren Annahmen zufolge laufen diese Vorgänge zumindest teilweise bewusst ab und sind im Vergleich zur lokalen Kohärenzbildung im Gedächtnis besser verankert. Schnotz und Dutke (2004) stellen jedoch fest, dass vielen Lesern nur die lokale Kohärenzbildung gelingt.

Schnotz und Dutke (2004) unterscheiden weiterhin mentale, intrarepräsentale und interrepräsentale Kohärenzbildung beim Verstehen von Bildern und Diagrammen, bzw. wenn Texte, Bilder und Diagramme kombiniert werden. Auf die mentale Repräsentation wird in Abschnitt 2.3.4 noch näher eingegangen, während die anderen beiden Repräsentationsformen für diese Untersuchung nicht weiter von Bedeutung sind.

2.3.3 Empirische Befunde zur Leseentwicklung im Kindes- und Jugendalter

Stanat und Schneider (2004) fassen die Ergebnisse von Längsschnittstudien von Klipceira und Gasteiger-Klipceira zusammen, die Aussagen zur Entwicklung der Lesekompetenz zwischen dem ersten und dem achten Schuljahr ermöglichen.

Die Ergebnisse konnten die Annahme bestätigen, dass sich im Laufe des ersten Schuljahres die Lesefertigkeit sehr schnell entwickelt und am Ende des ersten Schuljahres bereits ein hohes Maß an Lesesicherheit besteht. Es gab jedoch von Anfang an Unterschiede in der Qualität der Leseleistung der Schüler. Es konnte gezeigt werden, dass schwächere Leser länger auf der logographischen Stufe verharrten und auch am Ende der Grundschulzeit noch die Tendenz zeigten, phonologische Rekodierstrategien einzusetzen. Die Autoren machen auf eine enorme Varianz in der Lesegeschwindigkeit zu Beginn des Leselernprozesses aufmerksam, wobei manche Leser erst in der vierten Klasse die Lesefertigkeit von Erstklässlern mit normaler Leseentwicklung erreichten.

Stanat et al. (2004) stellen Ergebnisse einer weiteren Längsschnittstudie dar, die den Verlauf des Schriftspracherwerbs zwischen der zweiten und achten Klasse beschreiben. Es konnte gezeigt werden, dass Schüler, die schon zu einem früheren Zeitpunkt sicher im Umgang mit der alphabetischen Strategie waren, stärkere Zunahmen in der Lesegeschwindigkeit erreichten. Durch ihren bereits in der dritten Klasse sehr hohen Sichtwortschatz waren sie in der Lage, ihre Lesefertigkeiten so weiterzuentwickeln und zu automatisieren, dass bei ihnen bereits vor Ende der Grundschulzeit orthographische Strategien beobachtbar waren. Schwache Leser dagegen setzten auch in der Sekundarstufe noch basale alphabetische Strategien ein und griffen bei wenig vertrauten Wörtern auf phonologische Rekodierungen zurück. Vergleicht man diese Ergebnisse mit Studien, die ergaben, dass in der Sekundarstufe I eine grundlegende Lesekompetenz vorausgesetzt wird und weder vom Lehrplan noch von den (meisten) Lehrern die Notwendigkeit gesehen wird, die Lesekompetenz der Schüler weiterhin konkret zu fördern, ist das schlechte PISA-Ergebnis deutscher Schüler nicht verwunderlich.

Stanat und Schneider (2004) führen weitere Ergebnisse auf, die sich aus einem standardisierten Leseverständnistest in der dritten und achten Klasse ergaben. Es zeigte sich, dass viele Drittklässer trotz eines relativ hohen thematischen Vorwissens Probleme hatten, angemessene Schlussfolgerungen zu ziehen. Schüler mit unterdurchschnittlichen Lesefertigkeiten hatten dabei besonders große Probleme. Zudem wurde es für die Schüler dieser Altersklasse mit abnehmender Lesefertigkeit immer schwerer, Textinformationen zu integrieren und sie bei der Beantwortung von Verständnisfragen richtig zu kombinieren. Die Ergebnisse des Tests aus der achten Klasse zeigten, dass 25 Prozent der Schüler über eine eher mäßig ausgeprägte Lesekompetenz verfügen. Die Untersuchung ergab außerdem, dass die Schwierigkeiten in den Bereichen Wortlesekompetenz und Leseverständnis über den Untersuchungszeitraum ausgesprochen stabil waren, das heißt, dass die Schüler, die schon zu Beginn der Grundschulzeit zu den Leistungsschwächeren gehörten, am Ende der achten Klasse immer noch zu dieser Gruppe zählten.

Weiterhin machen Stanat und Schneider (2004) auf Befunde von Schneider aufmerksam, die ergaben, dass sich Leseschwierigkeiten negativ auf die Rechtschreibleistung auswirken, dass die leistungsschwachen Schüler erhebliche Probleme beim Lesen von Lektüren oder alltäglichen Gebrauchstexten aufweisen und im Fall einer weiteren Stagnation der Leseleistung keine guten Aussichten auf einen guten Schulabschluss und eine Ausbildungsstelle haben.

2.3.4 Die Theorie der Textverarbeitung und -repräsentation

Nach Schaffner, Schiefele und Schneider (2004) liegt dem Lernen aus Texten der Aufbau einer kognitiven Textrepräsentation zu Grunde. Die Autoren schildern einen theoretischen Ansatz, der von Kintsch in teilweiser Zusammenarbeit mit van Dijk entwickelt wurde. Diese Theorie unterscheidet verschiedene Ebenen der kognitiven Textrepräsentation und gibt ein detailliertes Abbild der Prozesse, die dem Aufbau der verschiedenen Repräsentationsebenen zu Grunde liegen. Durch die Erfassung der Repräsentationskomponenten können Rückschlüsse auf Textverarbeitungsprozesse und mögliche Verarbeitungsdefizite gezogen werden.

Schaffner und Mitarbeiter (2004) fassen zusammen, dass die Theorie von Kintsch drei verschiedene Komponenten der mentalen Textrepräsentation unterscheidet. Die drei Komponenten sind die wörtliche, die propositionale und die situative Textrepräsentation. Die wörtliche Repräsentation ist das Resultat grundlegender Verarbeitungsschritte – wie zum Beispiel der Buchstaben- und Worterkennung – und bildet somit die Textoberfläche, das heißt den exakten Wortlaut eines Textes ab. Die propositionale Repräsentation repräsentiert nach Schnotz und Dutke (2004) den semantischen Gehalt des Textes in Form von Propositionen, also komplexen Symbolen, die Aussagen über den Gegenstand des Textes darstellen. Voraussetzung für die Entwicklung der propositionalen Repräsentation sind syntaktische und semantische Verarbeitungsschritte. Die situative Textrepräsentation ist als ein Abbild der im Text beschriebenen Sachverhalte und Ereignisse zu verstehen. Sie ist weitgehend von der Textoberfläche abgelöst. Nach Schnotz und Dutke (2004) unterscheidet sich die situative von den anderen Repräsentationskomponenten dadurch, dass die darin enthaltenen Informationen prinzipiell auch aus anderen Quellen als dem vorliegenden Text gewonnen werden können. Nach Schaffner et al. (2004) basiert die Konstruktion einer situativen Textrepräsentation auf der Integration von Textinhalt und Vorwissen des Lesers.

Schaffner et al. sprechen den drei Komponenten eine sehr große Bedeutung zu, da in einer Vielzahl empirischer Studien gezeigt werden konnte, dass die verschiedenen Repräsentationsebenen eines Textes unterschiedlich tiefgehende Verstehensleistungen indizieren und sie somit eine theoretisch fundierte Unterscheidung verschiedener Verstehenstiefen ermöglichen.

Schnotz und Dutke (2004) fügen dem von Schaffner, Schiefele und Schneider (2004) dargestellten Modell ergänzend hinzu, dass der Leser beim umfassenden Verstehen eines Textes zusätzlich eine mentale Repräsentation der Kommunikationsabsicht des Autors und eine mentale Repräsentation des

Textgenres konstruiert. Die Kommunikationsebene bezieht sich auf den aktuellen situativen Kontext, in den der Text eingebettet ist, und die Bildung von Annahmen über den Autor und dessen Intentionen. Die Genreebene bezieht sich auf strukturelle Textmerkmale der jeweiligen Textsorte und ihre bestimmten allgemeinen Kommunikationsfunktionen.

2.4 Determinanten der Lesekompetenz

Unter den Determinanten der Lesekompetenz versteht man eine Reihe von Merkmalen, die bedeutsame Einflussgrößen im Textverarbeitungsprozess darstellen. Schaffner, Schiefele und Schneider (2004) machen darauf aufmerksam, dass viele dieser Merkmale jedoch experimentell nicht oder nur schwer manipulierbar sind. Aus diesem Grund können zum Teil keine oder nur sehr eingeschränkte kausale Schlussfolgerungen gezogen werden. Im Vergleich zwischen den Ausführungen unterschiedlicher Autoren (z.B. Streblow, 2004; McElvany, 2008; Schaffner et al., 2004) fällt auf, dass gewisse Determinanten wie Intelligenz, Arbeitsgedächtnis und Motivation von allen Autoren aufgeführt werden, während Merkmale des familiären Hintergrunds und des sozialen Kapitals mehrfach unberücksichtigt bleiben.

2.4.1 Arbeitsgedächtnis, Dekodierfähigkeit, Intelligenz, Wortschatz

Das **Arbeitsgedächtnis** ist als Ort der Informationsverarbeitung beim Lesen für die Speicherung als auch die aktive Verarbeitung von Informationen zuständig. Es wird angenommen, dass bei der Bearbeitung eines Textes im Arbeitsgedächtnis dem Text Informationen entnommen, Propositionen gebildet, diese auf ihre Kohärenz überprüft und eventuelle Kohärenzlücken geschlossen werden (vgl. Streblow, 2004). Durch diesen Prozess wird ein Text in wenigen Zyklen auf seine Kernbedeutungen reduziert.

Schreblowski (2003) nennt zentrale Fähigkeiten, die nach Perfettis Theorie verbaler Fähigkeiten mit dem Arbeitsgedächtnis zusammenhängen. Zu diesen Fähigkeiten zählt sie die Buchstabenerkennung, den lexikalischen Zugriff, die Schemaaktivierung und die propositionale Enkodierung. Defizite bei einer dieser Komponenten bewirken eine Verlangsamung des Verstehensprozesses.

Im Arbeitsgedächtnis kommt es zu der globalen Kohärenzbildung, bei der Textinformationen mit Informationen aus dem Langzeitgedächtnis verknüpft werden. Zudem ist es von großer Bedeutung für eine effektive Textverarbeitung. Sein Leistungsvermögen kann durch Training jedoch kaum gesteigert werden (vgl. Streblow, 2004). Das Problem besteht darin, dass die Speicherdauer als auch die Kapazität des Arbeitsgedächtnisses relativ gering sind und sich im Wesentlichen nur mit dem Alter verändern, weil manche Verarbeitungsprozesse zunehmend automatisiert ablaufen und so mehr Informationen im Kurzzeitgedächtnis aufgenommen und verarbeitet werden können (vgl. McElvany, 2008). Schreblowski (2003) stellt Ergebnisse einer Studie dar, die zeigen, dass schlechte Leser eine schlechtere Gedächtnisleistung haben und mehr Intrusionsfehler machen. Dies zeigt, dass Erfolg im Arbeitsgedächtnis und bei Verstehensaufgaben nicht nur auf der Fähigkeit beruht, ausgewählte Informationen zu erinnern, sondern auch darauf, andere relevante, aber temporär unwichtige Informationen zu unterdrücken. Demnach hängen Arbeitsgedächtnisaktivitäten direkt mit dem Leseverständnis zusammen.

Weiterhin konnte ermittelt werden, dass die Leser sich umso mehr Informationen behalten können, je größer die Gedächtnisspanne ist. Das Leseverständnis wird also durch eine hohe Arbeitsgedächtniskapazität positiv beeinflusst, weil eine flexiblere Kontrolle der Prozesse und Abspeicherung der Ergebnisse möglich ist (vgl. Schreblowski, 2003).

Nach McElvany (2008) kann zudem ein enger Zusammenhang zwischen Intelligenz und Arbeitsgedächtniskapazität belegt werden.

Die **Dekodierfähigkeit** steht in einem sehr engen Zusammenhang mit der Arbeitsgedächtniskapazität. McElvany (2008) beschreibt die Dekodierfähigkeit als die Geschwindigkeit der korrekten Worterkennung beim Lesen, also die Sicherheit beim lexikalischen Zugriff. Demnach unterscheiden sich gute von schlechten Lesern darin, wie schnell und genau sie Buchstaben und Wörter erkennen. Defizite beim Dekodieren, d.h. beim Erkennen von Wörtern und ihrer Zuordnung zu Bedeutungen, führen zu einer erhöhten Belastung des Arbeitsgedächtnisses. Dadurch wird die ohnehin begrenzte Kapazität genutzt und der Verstehensprozess verlangsamt. McElvany (2008) stellt Ergebnisse einer Untersuchung dar, die ergaben, dass gute Leser eine Dekodierfähigkeit besitzen, die ihnen eine genaue und automatische Wortidentifikation ermöglicht und sie daher ihre Aufmerksamkeitskapazitäten auf die Verstehensprozesse ausrichten können. Diesen Erkenntnissen nach benötigen schwache Leser ihre Aufmerksamkeitsressourcen für die grundlegenden Lernprozesse der Buchstaben-, bzw. Worterkennung. Nach Streblow (2004) ist die Dekodierfähigkeit vom Wortschatz und der phonologischen Rekodierung abhängig. Abschließend schildert sie, dass die Art der Kausalität im Hinblick auf die Fähigkeitsunterschiede im Lesen allerdings zum Teil noch unklar ist und die Dekodierfähigkeit als nicht trainierbar gilt.

Die **Intelligenz** stellte sich im internationalen PISA-Test wie auch in dem nationalen Ergänzungsteil der PISA-Studie als stärkster Prädiktor der Lesekompetenz heraus. Streblow (2004) führt Ergebnisse von Körkel und Schneider an, die nachweisen, dass die Effekte der Intelligenz zum Teil über das bereichsspezifische Vorwissen sowie das allgemeine metakognitive Wissen vermittelt werden. Nach Schaffner et al. (2004) kann Intelligenz als Fähigkeit gesehen werden, die beim Lösen eher unbekannter Probleme zum Ausdruck kommt. Die Autoren ergänzen, dass Intelligenz das Vermögen zum Wissenstransfer voraussetzt und in Repräsentationen von Texten, die besonders weit von der Textoberfläche entfernt sind, besonders deutlich werden müsste. Sie schildern weitere Ergebnisse, die einen engen Zusammenhang zwischen Arbeitsgedächtnis und Intelligenz nachweisen. Durch die Bedeutung des Arbeitsgedächtnisses für die wörtlichen und propositionalen Textrepräsentationen kann davon ausgegangen werden, dass die Intelligenz somit auch für die textnahen Textrepräsentationskomponenten indirekt von Bedeutung ist. McElvany (2008) fasst zusammen, dass die fluiden Intelligenzkomponenten trainierbar sind, wobei sich eine Kombination aus Denktraining und Lesetraining als am effektivsten erwies.

Der **Wortschatz** kann als mentales Lexikon der Menschen betrachtet werden. Je umfangreicher der Wortschatz einer Person ist, desto mehr Wörter erkennt die Person beim Lesen wieder. McElvany (2008) berichtet über eine hohe Korrelation zwischen Wortschatz und Leseleistung. Demnach verfügen gute Leser meist über einen ausgeprägteren Wortschatz als schwache Leser. Es ist anzunehmen, dass erfolgreiche Leser ihren Wortschatz leichter und umfassender erweitern, da sie die dafür notwendigen hierarchiehöheren Prozesse wie die Identifikation anderer bedeutungsrelevanter Wörter im Kontext oder das Erstellen sinnvoller Zusammenhänge zwischen bekannten und unbekannten Wörtern beherrschen.

McElvany (2008) beschreibt, dass eine Verbesserung des Wortschatzes prinzipiell möglich sei, dass jedoch die Schwierigkeit darin besteht, dass für das zu Lesende ein spezifischer Wortschatz benötigt wird. In Wortschatztrainings muss deshalb großer Wert darauf gelegt werden, den Lesenden Strategien zu vermitteln, mit denen die Bedeutung unbekannter Wörter erschlossen werden kann.

Die korrelativen Zusammenhänge zwischen Wortschatz und Leseleistung können nicht einseitig kausal interpretiert werden, da ein umfassender Wortschatz die Leseprozesse ebenso fördert, wie die Leseprozesse die Erweiterung und Verbesserung des Wortschatzes (vgl. McElvany (2008)).

2.4.2 Selbstkonzept

Nach Streblow (2004) prägen sich im Laufe der ersten Schuljahre in zunehmendem Maße fachspezifische Selbstkonzepte unterschiedlicher Generalisierungsniveaus aus. Eine bedeutsame Einflussgröße für die Lesekompetenz ist das verbale Selbstkonzept. Schaffner und Mitarbeiter (2004) ergänzen jedoch, dass sich das verbale Selbstkonzept der eigenen Lesefähigkeit im Wesentlichen auf die selbst eingeschätzte Fähigkeit im muttersprachlichen Unterrichtsfach richtet und fordern (wie Möller & Schiefele, 2004), in zukünftigen Studien auch ein direktes, auf das Lesen bezogenes Selbstkonzept der eigenen Lesefähigkeit zu erfassen.

Die fachspezifischen Fähigkeitsselbstkonzepte sind Resultate der Verarbeitung von Leistungsrückmeldungen. Streblow (2004) präsentiert hierzu Untersuchungsunterlagen, die zeigen, dass sich negative Leseerfahrungen negativ auf das lesebezogene Selbstkonzept auswirken und dadurch zu niedriger Lesekompetenz führen. Für Schüler ist es von großer Bedeutung bestimmte Kausalattributionen vorzunehmen. Sie müssen in der Lage sein, erbrachte Leistung auf internale Faktoren zurückzuführen und zwischen Konsequenzen von Anstrengung und Fähigkeit zu differenzieren, um ein positives Selbstkonzept aufzubauen oder zu bewahren.

Für die Selbstkonzeptgenese stellen Vergleiche eine wichtige Komponente dar. Zu diesen Vergleichen gehören soziale Vergleiche (z.b. in der Schule), autonome, temporale Vergleiche und dimensionale Vergleiche (intraindividuelle Prozesse bei denen z.b. die Leistung in Deutsch mit der Leistung in Mathematik verglichen wird). Der soziale Vergleich hat jedoch – vor allem in der Schule – die größte Bedeutung für die Einordnung von Leistungsrückmeldungen.

2.4.3 Lernstrategien

In der Wissenschaft besteht kein Konsens darüber, was unter dem Begriff „Lernstrategien" zu verstehen ist. Hier soll eine Definition nach Streblow (2004) genügen, nach der man Lernstrategien als eine Abfolge von effizienten Lerntechniken, die zielführend und flexibel eingesetzt werden, zunehmend automatisiert ablaufen, aber dennoch bewusstseinsfähig bleiben, ansehen kann (ausführlich in Kapitel 3.3).

Beim Prozess der Textverarbeitung können vier Komponenten unterschieden werden, die durch den Einsatz von Lernstrategien in unterschiedlichem Maße beeinflussbar sind (vgl. Streblow, 2004).

Die erste Phase ist die Selektionsphase. Dabei werden bestimmte Informationen (z.B. aus einem Text) ausgewählt, die in der Konstruktionsphase im Arbeitsgedächtnis zueinander in Beziehung gesetzt werden. Der Konstruktionsphase schließt sich die Erwerbsphase an, bei der die Informationen ins Langzeitgedächtnis übertragen werden. In der Integrationsphase kommt es zu einer Verknüpfung der neuen Informationen mit dem Vorwissen.

Kognitive Strategien (siehe 3.3.2) sind besonders in der Selektions- und Erwerbsphase von großer Bedeutung. Organisationsstrategien sind für die Selektion, Konstruktion und den Erwerb von Informationen besonders wichtig. Elaborationsstrategien dienen der Verbesserung der Integration neuen Wissens und metakognitive Strategien (siehe 3.3.3) umfassen Strategien, die der Planung, Überwachung und Regulation von Lernaktivitäten dienen.

Nach Streblow (2004) stellt metakognitives Wissen über Lernstrategien und Gedächtnisprozesse den besten Prädiktor für Lesekompetenz dar. Dies bestätigt die Annahme, dass sich gute und schwache Lerner im Einsatz von Lern- und Lesestrategien unterscheiden.

Um die Relevanz der Strategienutzung beim Lesen zu verdeutlichen, schildern Brown und Palincsar (1989), dass Schüler der fünften und siebten Klasse, die beim Lesen ein grobes Konzept des Textes entwerfen, wichtige

Textinhalte unterstreichen oder Notizen machen, die gleiche Leseleistung erbringen wie die Mehrheit der Zwölftklässler, während Zwölftklässler, die keine verständnisfördernden Aktivitäten anwenden, auf dem Niveau von Fünftklässlern lesen.

Streblow (2004) stellt Ergebnisse einer Untersuchung dar, die zeigen, dass die Art der Erfassungsmethode ein wichtiger Faktor dafür ist, ob Strategien wirksam sind oder nicht. Handlungsnahe Messmethoden (z.B. lautes Denken), beschreiben in der Regel stärkere Beziehungen zwischen dem Einsatz von Lernstrategien und dem erzielten Lernerfolg, als die Überprüfung mittels Fragebögen.

Untersuchungen haben gezeigt, dass Strategiekenntnis und effektive Strategienutzung durch gezielte Trainingsmaßnahmen beeinflussbar sind. Am effektivsten sind solche Trainings, wenn den Teilnehmern der persönliche Nutzen des jeweiligen Lerninhalts vermittelt wird und sie eine Lernabsicht entwickeln können.

Nach Schreblowski (2003) reicht es nicht, Strategien zu kennen und benennen zu können. Sie müssen so lange geübt werden, bis ein gewisser Grad an Automatisiertheit vorhanden ist. Des Weiteren muss der Einsatz der Strategien sich für den Leser lohnen.

Schreblowski (2003) schreibt abschließend, dass „obwohl der Zusammenhang zwischen Strategieeinsatz und Leistung plausibel erscheint, fällt er häufig enttäuschend gering aus" (S. 30) und macht damit unter anderem auf Kapazitätsprobleme des Arbeitsgedächtnisses beim Strategieeinsatz aufmerksam.

2.4.4 Vorwissen

Nach McElvany (2008) ist das Vorwissen ein leseunspezifischer Faktor und ein bedeutsamer Prädiktor für Lesekompetenz. Man kann dabei inhaltliches Vorwissen und metakognitives Wissen unterscheiden.

McElvany (2008) unterteilt inhaltliches Vorwissen in allgemeines Weltwissen oder spezifisches inhaltliches (thematisches) Wissen und spezielles Sprachwissen. Dem allgemeinen oder spezifischen Wissen schreibt sie einen beschreibenden Charakter von „deklarativem Weltwissen", bis hin zu Wissen über komplexe Sachverhalte der gegenständlichen und sozialen Umwelt zu. Zum oft impliziten Sprach- und Textwissen gehören Kenntnisse über die eigene Sprache und Texteigenschaften. Nach McElvany (2008) besteht die Funktion des Vorwissens darin, dabei zu helfen, neue Informationen in vorhandene Wissensstrukturen zu integrieren, die Aufmerksamkeit auf wichtige Informationen zu lenken und so den Text zu strukturieren. Weiterhin schreibt sie, dass durch strategisches Nutzen des Vorwissens relevante Informationen identifiziert, vorausgegangene Textinformationen wieder einbezogen sowie Informationen aus dem Langzeitgedächtnis abgerufen und ausgetauscht werden können. Somit trägt Vorwissen zur Entlastung des Arbeitsgedächtnisses bei, sodass mehr Ressourcen für strategische Aktivitäten zur Verfügung stehen und Vorwissen so mit adäquateren Strategien verbunden sein kann. Streblow (2004) stellt Forschungsergebnisse dar, die zeigen, dass Vorwissen thematische Defizite in hierarchieniedrigen Textverarbeitungsprozessen kompensieren kann. Ferner hilft Vorwissen nach McElvany (2008), wenn Textlücken, Inkonsistenz oder Mehrdeutigkeiten überbrückt werden müssen. Zusammenfassend schreibt sie, dass das Vorwissen sowohl für den Aufbau einer kohärenten propositionalen Repräsentation des Textes, als auch für den Aufbau eines adäquaten Situationsmodells der Textinhalte entscheidende Bedeutung hat.

Es ist jedoch zu beachten, dass während des Lesens auch falsche Schemata aktiviert werden können, was dazu führt, dass der Leser den Text anders versteht als es vom Autor intendiert wurde. Deshalb ist es sinnvoll, das Vorwissen zu dem jeweiligen Thema zu aktivieren, bevor mit dem Lesen des Textes begonnen wird.

Schreblowski (2003) führt die Hypothese auf, dass Vorwissen unabdingbar ist und erst ermöglicht, Informationen überhaupt zu verstehen. Weiterhin beschreibt sie eine Wechselwirkung zwischen Vorwissen und Strategien. Ihre Erkenntnisse basieren auf Untersuchungen, die ergaben, dass man Strategien leichter in einem Themenbereich lernen kann in welchem Vorwissen besteht.

Obwohl eine ausgeprägte Lesekompetenz den Erwerb von Vorwissen begünstigt, ist es äußerst schwierig, im Rahmen kurzer Trainingsmaßnahmen Vorwissen zu trainieren.

2.4.5 Metakognition

Bei der Metakognition geht es um die metakognitive Planung, Überwachung und Regulation des Lesens, um einen erfolgreichen Leseprozess zu gewährleisten. Metakognition umfasst das Wissen über Gedächtnis-, Denk- und Lernvorgänge (deklaratives Metawissen) und die Steuerung und Überwachung der kognitiven Prozesse (exekutives Wissen). McElvany (2008) führt den Begriff „Metagedächtnis" auf, unter dem das Wissen über und die Regulation von Kognitionen verstanden wird. Das deklarative Metagedächtnis kann weiter in Aufgabenwissen, Strategiewissen und Personenwissen unterteilt werden. Dieses Wissen ist nach McElvany (2008) benennbar, während das prozedurale, bzw. exekutive metakognitive Wissen, das die Selbstüberwachungs- und Selbstregulationsaktivitäten beinhaltet, meistens implizit und unbewusst ist.

Zum metakognitiven Vorwissen gehören auch bestimmte Textschemata. Dabei handelt es sich um metakognitives Textformatwissen, welches sich auf Kenntnisse bezüglich charakteristischer Merkmale unterschiedlicher kontinuierlicher und nichtkontinuierlicher Textformate bezieht (vgl. Streblow, 2004). Es ist jedoch noch nicht empirisch bewiesen, dass durch

Trainingsmaßnahmen, die die Vermittlung metakognitiven Wissens über die verschiedenen Textformate zum Ziel haben, das Textverständnis verbessert wird.

Zusammenfassend schreibt McElvany (2008), dass Metakognition eine wichtige Voraussetzung für erfolgreiche Lern- und Leseprozesse ist und in Interventionen zur Förderung der Lesekompetenz einbezogen werden sollte. Ein günstiger Zeitpunkt Interventionen zur Förderung der Selbstkompetenz einzusetzen wäre das Ende der Grundschulzeit.

2.4.6 Merkmale des familiären Hintergrunds

Die PISA-Studie hat gezeigt, dass besonders in Deutschland der Zusammenhang zwischen Lesekompetenz und sozialer Schichtzugehörigkeit besonders hoch ist. Vor allem der sozioökonomische Status und der Bildungsabschluss der Familie stellen strukturelle Merkmale der sozialen Herkunft dar, die vermittelt über funktionale, prozesshafte Merkmale, auf die Kompetenzentwicklung der Kinder einwirken (vgl. Schaffner et al., 2004). Schaffner und Mitarbeiter (2004) beschreiben kulturelles und soziales Kapital als bedeutende Faktoren für die Entwicklung von Lesekompetenz. Im Rahmen dieser Untersuchung möchte ich nicht weiter auf kulturelles Kapital eingehen, da es sich durch Interventionen im Unterricht nicht beeinflussen lässt.

Das soziale Kapital entsteht nach Schaffner und Mitarbeitern (2004) auf der Basis sozialer Beziehungen, in denen z.b. Informationen ausgetauscht, gesellschaftliche Regeln und Werte übermittelt und Normüberschreitungen sanktioniert werden. Somit spielt es eine wichtige Rolle für die Funktionalität von Schulen. Die Autoren führen auf, dass sich Schüler mit hohem sozialem Kapital dadurch auszeichnen, dass sie Regeln akzeptieren, sich für den Unterrichtserfolg mitverantwortlich sehen und Lernen allgemein als etwas Sinnvolles betrachten.

Neben dem sozialen Kapital ist auch der Migrationshintergrund ein wichtiger Faktor, der die Lesekompetenz stark beeinflussen kann. Stanat und Schneider (2004) stellen Ergebnisse einer Studie dar, die ergab, dass Schüler mit Migrationshintergrund in Bezug auf den Schriftspracherwerb und die Entwicklung von Lesekompetenz häufig zur Risikogruppe gehören. Es kommt jedoch hauptsächlich darauf an, wie gut die Deutschkenntnisse zu Beginn der Schullaufbahn sind.

2.4.7 Individuelles bzw. thematisches Interesse

Diese Determinante der Lesekompetenz wird von McElvany (2008) und Streblow (2004) nicht gesondert aufgeführt, da Interesse eine Voraussetzung für intrinsische Motivation ist und in diesem Zusammenhang aufgeführt wird. Schaffner und Mitarbeiter beschreiben individuelles bzw. thematisches Interesse als relativ stabile Vorliebe einer Person für einen bestimmten Wissensbereich. Die Resultate von Interesse sind die Verknüpfung eines Gegenstandsbereichs mit gefühls- und wertbezogenen Attributen. Diese Verknüpfungen können den Autoren nach als Valenzüberzeugungen bezeichnet werden und beruhen darauf, dass die Auseinandersetzung mit einem Gegenstand als angenehm oder stimulierend, bzw. als persönlich bedeutsam oder identitätsbildend erlebt wird. Weiteren Ergebnissen zufolge beeinflusst thematisches Interesse die Lernleistung positiv. Zudem führt Interesse am Thema zu einem erhöhten Gebrauch von verstehensorientierten Lernstrategien (vgl. Schaffner et al., 2004).

2.5 Lesemotivation und Erwartungs-Wert-Modell

Es wurde schon gezeigt, dass das Selbstkonzept ein bedeutsamer Prädiktor für die Lesekompetenz ist. In diesem Abschnitt soll die Lesemotivation als wichtiger Prädiktor für die Lesekompetenz detailliert dargestellt werden.

Die schlechten Ergebnisse der deutschen Schüler bei der PISA-Studie können möglicherweise auf gerade diese beiden Variablen zurückgeführt werden. Vor allem der Befund, dass die Unterschiede der Lesekompetenz zwischen Mädchen und Jungen nahezu vollständig auf die Unterschiede in der Lesemotivation zurückgeführt werden können, soll Anlass genug sein, im Folgenden etwas genauer auf die motivationalen Grundlagen der Lesekompetenz einzugehen. Im Mittelpunkt soll dabei das Erwartungs-Wert-Modell der Lesemotivation stehen, da dieser Ansatz die meisten relevanten motivationalen Konstrukte integriert.

2.5.1 Zum Begriff der Lesemotivation

Möller und Schiefele (2004) führen eine Definition von Lesemotivation an, die die aktuelle Lesemotivation einer Person als das Ausmaß des Wunsches oder der Absicht bezeichnet, in einer bestimmten Situation einen spezifischen Text zu lesen. Von einer hohen aktuellen Lesemotivation wird gesprochen, wenn eine Person den starken Wunsch verspürt, etwa das nächste Kapitel eines Buches oder eines Artikels zu lesen. Nach Streblow (2004) beeinflusst die Lesemotivation vor allem die Lesehäufigkeit, die ein starker Prädiktor für Lesekompetenz ist.

Möller und Schiefele (2004) unterscheiden intrinsische und extrinsische Motivation. Intrinsische Motivation definieren sie als Bereitschaft, eine Aktivität durchzuführen, weil die Aktivität für sich selbst befriedigend, bzw. belohnend ist. Extrinsische Motivation liegt dann vor, wenn die Gründe für das Lesen außerhalb der Tätigkeit des Lesens selbst und außerhalb des Themas des Textes liegen. Intrinsische Motivation kann zum einem aus Interesse am Thema eines Textes, also einem gegenstandsspezifischem Anreiz entstehen, zum anderen kann die Tätigkeit des Lesens an sich, d.h. unabhängig vom Thema, als positiv erlebt werden. Die Autoren beschreiben extrinsisch motivierte Handlungen als solche, die durch Ereignisse motiviert sind, die als Folgen einer Handlung erwartet werden. Die Intention des Lesers ist dabei, entweder positive Konsequenzen zu bewirken oder negative Konsequenzen zu vermeiden. Weiterhin führen sie Gründe für extrinsische Lesemotivation an. Schüler könnten beispielsweise einen Text besonders gründlich lesen, um vom Lehrer gelobt zu werden oder um schlechte Noten zu vermeiden. Neben Anerkennung und Notensteigerung nennen sie noch den sozialen Vergleich und äußeren Druck als Auslöser von extrinsischer Motivation.

Streblow (2004) schreibt, dass intrinsisch motivierte Schüler etwa dreimal so viel lesen wie unmotivierte Schüler. Zudem zeigt sie, dass intrinsisch motiviertes Lesen zu einer vertieften Verarbeitung des Gelesenen führt. Extrinsisch motiviertes Lesen beeinflusst die Lesekompetenz nur dann positiv, wenn die Lesesituation von den Schülerinnen und Schülern nicht als kontrollierend erlebt wird und sich günstig auf die intrinsische Motivation auswirkt.

Streblow (2004) beschreibt die Erfolgszuversichtlichkeit und die Misserfolgsvermeidung als zwei empirisch ermittelte Ausprägungen des Leistungsmotivs, die sich stark auf die Lesemotivation auswirken. Erfolgszuversichtliche Personen setzen sich realistische Ziele und entscheiden sich für mittelschwere Aufgaben. Erfolge werden von diesen Personen internal auf die eigenen Fähigkeiten oder die eigene Anstrengung attribuiert. Misserfolge werden auf mangelnde Anstrengung oder Pech zurückgeführt. Durch diese Einstellung zu Erfolg und Misserfolg entwickeln solche Personen eine positive Selbstbewertungsbilanz und sind eher bereit, Leistungssituationen aufzusuchen (vgl. Streblow, 2004).

Misserfolgsmeidende Personen setzen sich keine realistischen Ziele und wählen keine ihrem Leistungsvermögen entsprechenden Aufgaben aus. Erfolge werden eher external auf den Zufall bzw. eine geringe Aufgabenschwierigkeit und Misserfolge internal auf eine zu geringe Fähigkeit attribuiert. Daraus resultiert eine negative Selbstbewertungsbilanz, die zur Vermeidung von Leistungssituationen führt.

2.5.2 Erwartungs-Wert-Modell der Lesemotivation

Möller und Schiefele (2004) sind der Meinung, dass neben dem Leistungsmotiv als dispositionalem Personenmerkmal, die Erwartungskomponente (im Sinne der subjektiven Erfolgswahrscheinlichkeit bei der Bearbeitung einer bestimmten Aufgabe) und die Wertkomponente (im Sinne des subjektiven Werts von Erfolg bei dieser Aufgabe) die situationsspezifischen Determinanten der Leistungsmotivation darstellen. Welche Aufgabenschwierigkeit eine Person wählt, mit welcher Ausdauer und Anstrengung sie eine Aufgabe bearbeitet und welches Kompetenzniveau daraus resultiert, hängt in diesem Modell von dem Zusammenwirken des Leistungsmotivs und der Erwartungs- und Wertkomponente ab. Zu den motivationalen Determinanten, die die Erwartungs- und Wertkomponente beeinflussen, gehören nach dem Modell von Möller und Schiefele (2004): Einflüsse der sozialen Umwelt, die subjektive Verarbeitung der Umwelteinflüsse und motivationale Überzeugungen einer Person. Den Autoren zufolge bedingen die motivationalen Überzeugungen die Wert- und Erwartungskognitionen in konkreten Lesesituationen. Die in dieser Situation resultierende Lesemotivation ergibt sich aus den Wert- und Erwartungskognitionen und beeinflusst relevante Aspekte des Leseverhaltens, wie z.B. Anstrengung.

2.5.3 Die Wertkomponente: Will ich den Text lesen und warum?

Nach Möller und Schiefele (2004) kann man den Wert einer Aufgabe bzw. eines zu lesenden Textes in vier Komponenten aufteilen. Die erste Komponente betrifft Gefühle. Dabei kann es zum Beispiel darum gehen, ob es dem Leser Vergnügen bereiten wird einen bestimmten Text zu lesen. Die Komponente umfasst die positiven oder negativen Gefühle, die mit dem Bearbeiten einer Aufgabe verbunden sein können. Die zweite Komponente betrifft die Wichtigkeit. Der Leser würde sich fragen, ob es für ihn persönlich wichtig ist, den Text zu lesen. Die subjektive Wichtigkeit, eine Aufgabe erfolgreich durchzuführen, ist meist damit verbunden, dass durch eine erfolgreiche Bewältigung der Aufgabe das eigene Selbstbild verbessert wird. Erkennt ein Schüler eine Leseaufgabe nicht als persönlich bedeutsam, wird er es nicht für wichtig erachten, die Aufgabe zu bewältigen.

Die dritte Komponente betrifft die Nützlichkeit, das heißt die Frage, ob es für den Leser in Hinblick auf künftige Ziele sinnvoll ist, einen Text gründlich zu lesen oder eine Aufgabe zu bearbeiten. Da das Erreichen erwünschter Ziele und nicht das Ausführen der Tätigkeit im Vordergrund steht, erfasst diese Komponente demnach eher extrinsische Gründe für das Lesen eines Textes.

Die letzte Komponente bezieht sich auf die Kosten, das heißt die Frage danach, wie mühsam es für den Leser wird den Text zu lesen. Es geht hier um die erforderliche Anstrengung und den Verlust an Zeit, der erforderlich ist, um die Aufgabe erfolgreich zu lösen. Im Bezug auf die Kosten sind neben anstrengungs- und zeitbedingten Kosten, die einen Erfolg voraussetzen, auch die Kosten zu berücksichtigen, die entstehen, wenn die Bewältigung der Aufgabe nicht erfolgreich ist. Misserfolge könnten zum Beispiel zur Abwertung des Selbstkonzeptes führen. Die Person wird sich also vor der Bearbeitung der Aufgabe fragen, ob sie die Herabsetzung der Selbsteinschätzung in Kauf nehmen will. Der Wert der Aufgabe sinkt somit mit der Unsicherheit einer Person bezüglich ihres erfolgreichen Abschneidens und ist besonders gering, wenn ein Misserfolg bedeutsame negative Folgen nach sich zieht.

Möller und Schiefele (2004) fassen zusammen, dass der Einfluss der Wertkomponente für die Leistungsentwicklung in vielen empirischen Studien gezeigt werden konnte und dass sich ein direkter Effekt der Wertkomponente vor allem dann zeigen ließ, wenn die Bereitschaft untersucht wurde, eine bestimmte Tätigkeit oder einen Kurs auszuwählen.

2.5.4 Die Erwartungskomponente: Werde ich den Text verstehen können?

Möller und Schiefele (2004) definieren Erwartungen als subjektive Wahrscheinlichkeiten, dass bestimmte Ereignisse eintreten. Ohne Erwartungen über eigene Fertigkeiten, das Verhalten anderer Personen oder relevante Rahmenbedingungen, wäre den Autoren zufolge kein planvolles Handeln denkbar.

In ihrem Modell spielt die Erfolgserwartung eine entscheidende Rolle. Sie besteht zum einen aus der Ergebniserwartung und zum anderen aus der Selbstwirksamkeitserwartung.

Die Autoren führen auf, dass sich Personen in der Regel konsistent zu ihren Erwartungen verhalten. Demzufolge ist es wahrscheinlich, dass Personen Aufgaben mit hoher Motivation, Anstrengung und Ausdauer bearbeiten, wenn sie einen Erfolg erwarten. Ist die Erfolgserwartung jedoch sehr gering, werden auch Anstrengung, Motivation und Ausdauer minimiert. Erfolgserwartungen sind zum einen durch vorangegangene Ereignisse und Leistungen geprägt, zum anderen beeinflussen sie auch wesentlich die zukünftigen Leistungen. Ist die Erfolgserwartung vor einem Test sehr gering, beeinflusst dies die Motivation zu lernen negativ und führt somit zwangsläufig zu einem schlechten Ergebnis.

Möller und Schiefele (2004) zeigen, dass in quer- und längsschnittlichen Studien nachgewiesen werden konnte, dass Erfolgserwartungen der beste Prädiktor sowohl für mathematische Leistungen als auch für Leistungen im sprachlichen Bereich waren.

Während sich die Erfolgserwartung auf die Leistung auswirkt, wirkt sich der Wert einer Aufgabe eher auf die Auswahl einer entsprechenden Tätigkeit und die Ausdauer der Aufgabenbearbeitung aus. Den Autoren zufolge kann man davon ausgehen, dass der Effekt der Erwartungskomponente auf die Leistung teilweise über die Wertkomponente vermittelt ist. Dies mag dadurch bedingt sein, dass Personen zuerst Erfahrungen in Leistungssituationen machen, die dann den Wert einer Aufgabe bestimmen. Möller und Schiefele (2004) gehen davon aus, dass Schüler, die frühzeitig Erfolgserlebnisse beim Lesen machen, das Lesen mit einer gewissen Wahrscheinlichkeit als befriedigend, wichtig und nützlich erleben.

2.6 Zur Förderung der Lesekompetenz

Wenn man die Lesekompetenz der Schüler fördern will, muss man sich die Frage stellen, warum und zu welchem Zeitpunkt Schüler in Deutschland die für gute Leistungen erforderlichen Schritte nicht vollziehen (vgl. Streblow, 2004). Wie bereits (in Abschnitt 2.3.3) gezeigt, entwickeln die meisten Kinder in der Grundschulzeit eine grundlegende Lesekompetenz. Gute Leser sind zu Beginn der Sekundarstufe in der Lage, die vom Lehrplan vorgeschriebenen Anforderungen in den Lernbereichen „Umgang mit Texten", „Literatur und Sachtexte", „Sachtexte, Literatur, Medien" oder ähnlichem zu erfüllen (vgl. Kaspar, 2004). Die leseschwachen Schüler kommen jedoch mit einer so geringen Lesekompetenz in die Sekundarstufe, dass sie die Anforderungen nicht ausreichend erfüllen können. Ein Vergleich zwischen den aufgeführten Lernbereichen der Lehrpläne für die Sekundarstufe I, mit den Lernbereichen „Lesen und Verstehen", „Lesen", „Umgang mit Texten einschließlich Lesenlernen" der Grundschullehrpläne macht deutlich, dass in der Sekundarstufe eine basale Lesekompetenz vorausgesetzt wird und das Lesenlernen als solches nicht mehr vorgesehen ist. Demzufolge wird das Leseverständnis der schwächeren Schüler im Laufe der weiteren Schullaufbahn nicht mehr weiter gefördert, was zu schlechten Ergebnissen in allen Fächern führen kann.

Vergleicht man die Ergebnisse der „Internationalen Grundschul-Lese-Untersuchung" (IGLU) und PISA, scheinen die deutschen Schüler erst in der Sekundarstufe I unter den internationalen Durchschnitt zu rutschen (vgl. Kaspar, 2004). Es ist also auf der einen Seite essentiell, dass sich im Lehrplan für den Deutschunterricht konzeptuelle Veränderungen ergeben und zum anderen die Schüler schon während der Grundschulzeit und vor allem in der Sekundarstufe I durch gezielte Lesetrainings beim Lesenlernen unterstützt werden.

Um die Lesekompetenz der Schüler zu unterstützen, wurden Fördermaßnahmen entwickelt, mit denen positive Effekte auf den verstehenden Umgang mit Texten erzielt werden können (vgl. Streblow, 2004). Es gibt eine große Anzahl pädagogisch-psychologischer Trainingsprogramme, die im Bezug auf die Zielgruppe, den Inhalt und die Arbeitsformen zum Teil sehr unterschiedlich sind. Bei den meisten Interventionsformen wird auf eine Vermittlung und das Training von Lese- und Lernstrategien gesetzt. Um diese zu vermitteln und die Schüler zu selbstständigem Lernen zu erziehen, sind die eingangs genannten selbstgesteuerten und kooperativen Lernformen die effizientesten Werkzeuge.

2.6.1 Beispiel für eine mögliche Fördermaßnahme

John T. Guthrie, Allan Wigfield, Pedro Barbosa, Kathleen C. Perencevich, Ana Taboada, Marcia H. Davis, Nicole T. Scafiddi und Stephen Tonks haben 2004 die Effektivität der Concept-Oriented Reading Instruction (CORI) untersucht. CORI ist ein Programm zur Förderung der Lesekompetenz, bei dem die Vermittlung von Lernstrategien mit motivationsfördernden Verfahren kombiniert wird. Es enthält fünf motivationale Verfahren und sechs kognitive Strategien, die das Leseverständnis fördern sollen.

Die Begründung für die Untersuchung war, dass die Motivation das Leseverständnis wesentlich beeinflusst und dennoch bisher in nur wenigen Studien motivationale Komponenten zur Förderung des Leseverständnisses eingesetzt wurden.

In ihrer ersten Studie verglichen die Forscher die Effekte von CORI mit den Effekten einer Intervention, bei der die gleichen Lernstrategien, jedoch ohne motivationale Unterstützung, vermittelt wurden. In einer zweiten Studie verglichen sie die Effekte von CORI mit den Effekten einer Strategieinstruktion und einer traditionellen Instruktion ohne spezifische Strategievermittlung.

Die Zielsetzung der Untersuchung war es, herauszufinden, a) in welchem Grad CORI sich hinsichtlich der Beeinflussung des Leseverständnisses (von Drittklässlern) von der Strategieinstruktion und der traditionellen Instruktion unterscheidet, b) in welchem Grad CORI sich hinsichtlich der Beeinflussung der Lesemotivation (von Drittklässlern) von der Strategieinstruktion unterscheidet und c) in welchem Grad CORI sich hinsichtlich der Beeinflussung der Lernstrategien (von Drittklässlern) von der Strategieinstruktion unterscheidet.

An der ersten Studie nahmen die dritten Klassen vier verschiedener Schulen teil. Acht der Klassen erhielten die Concept-Oriented Reading Instruction (CORI-Klassen) und 11 Klassen erhielten die Strategieinstruktion (SI-Klassen). Die Schüler beider Gruppen unterschieden sich zu Beginn des Trainings (Prätest) nicht in Hinblick auf Herkunft, Geschlecht und Leistungsniveau. Beide Gruppen erhielten 12 Wochen lang jeden Tag ein 90-minütiges Training. Aus beiden Gruppen wurden Schüler, deren Lesekompetenz noch auf dem Niveau der ersten Klasse oder niedriger war, drei mal pro Woche für 30 Minuten aus dem Trainingsprogramm genommen und von speziell ausgebildeten Lehrern unterrichtet. Die Lehrer, die in CORI-Klassen unterrichteten, nahmen vor Beginn an einem 10-tägigen, die Lehrer, die in SI-Klassen unterrichteten, an einem 5-tägigen Vorbereitungskurs teil.

In den CORI-Klassen wurde die Motivation der Schüler durch fünf Methoden unterstützt: a) Nutzung von zufriedenstellenden Zielen für die Leseinstruktion, b) Anbieten von Auswahlmöglichkeiten und Kontrolle für Schüler, c) Anbieten praktischer Aktivitäten, d) Nutzen interessanter Texte und e) Organisation von Zusammenarbeit für das Lernen aus Texten. Die fünf Methoden der Motivationsförderung wurden kombiniert mit der systematischen, expliziten Instruktion in Leseverständnisstrategien.

Die vermittelten Lesestrategien waren: a) Aktivierung von Hintergrundwissen, b) Fragen, c) Suchen nach Informationen, d) Zusammenfassen, e) grafisches Organisieren und f) Identifizieren der Textstruktur. Jede Strategie wurde eine Woche lang vermittelt (6 Wochen). Dabei modellierte der Lehrer die Strategien und unterstützte die Schüler in der weiteren Anwendung (Scaffolding). In den letzten sechs Wochen wurden die Strategien systematisch miteinander kombiniert.

In SI-Klassen wurden die gleichen Strategien vermittelt wie in CORI-Klassen, mit dem Unterschied, dass die Motivation der Schüler nicht gefördert wurde. Auch die verwendeten Texte und behandelten Themen waren nahezu identisch.

Die Resultate der Studie wurden durch einen Prätest-Posttestvergleich ermittelt. Der Vergleich der Posttestergebnisse für das Leseverständnis beider Gruppen ergab, dass die CORI-Schüler signifikant bessere Ergebnisse erzielten als die SI-Schüler. Die Analyse der Ergebnisse der Strategieanwendung ergab, dass auch hier die CORI-Schüler signifikant bessere Leistungen erbrachten. Auch die Analyse der Lesemotivation ergab, dass die Lesemotivation der CORI-Schüler signifikant höher war als die der SI-Schüler. Nur im Bezug auf die Aktivierung von Hintergrundwissen, Fragen und Suchen von Informationen ergaben sich keine signifikanten Gruppenunterschiede. Insgesamt war CORI die effektivere Methode.

Die zweite Studie unterschied sich von der ersten vor allem dadurch, dass vier Klassen hinzukamen, die als Vergleichsgruppe eingesetzt wurden und keine spezielle Instruktion erhielten. Die Untersuchung fand in den gleichen Schulen statt und wurde zum Teil von den gleichen Lehrern durchgeführt, wie die erste Untersuchung. Auch die Inhalte der CORI- und SI-Klassen blieben identisch. Nur die von den Lehrern als schwache Leser identifizierten Schüler wurden täglich 30 Minuten lang speziell geschult.

In den TI-Klassen (traditionelle Instruktion) wurden Texte mit einer Vielzahl basaler Materialien ausführlich bearbeitet. Zudem wurden den Schülern Strategien wie Vorhersagen und Aktivierung des Vorwissens beigebracht und beim Lesen angewendet. Auch hier wurden schwache Leser differenziert unterrichtet und gefördert. Insgesamt gab es 9 CORI-, 11 SI- und 4 TI- Klassen.

Die Ergebnisse des Prätests ergaben, dass es keine signifikanten Unterschiede zwischen den Gruppen gab. Die Ergebnisse des Posttests für das Leseverständnis (gemessen mit Gates-MacGinitie Reading Comprehension Test) ergaben, dass die Effekte von CORI signifikant höher waren als die von SI und TI. Die Analyse der Ergebnisse für die Motivation ergab, dass die Effekte von CORI signifikant höher waren als die der Strategieinstruktion.

2.6.2 Diskussion der Methode

Beide Studien ergaben, dass CORI-Schüler ein höheres Leseverständnis erzielten als die SI-Schüler (Studie 1 und 2) und die TI-Schüler (Studie 2). Insgesamt waren die CORI-Schüler motivierter als die SI- und TI-Schüler und wendeten die Strategien besser und häufiger an als die SI-Schüler. Die Studie hat experimentell gezeigt, dass durch die Kombination von Motivationsverfahren und Strategieinstruktion das Leseverständnis effektiver gefördert wird, als durch Strategieinstruktion allein. Die Autoren gehen davon aus, dass die genutzten Motivationsverfahren sehr gut dafür geeignet sind die Lesemotivation der Schüler zu erhöhen und vermuten, dass durch die höhere Motivation und das Interesse an Texten die Strategieanwendung effektiver geübt wird. Weiterhin führen sie die positiven Effekte auf die Kooperation der Schüler zurück. Letztendlich kann durch das Untersuchungsdesign nicht genau analysiert werden, welche Aspekte für die besseren Ergebnisse der CORI-Klassen verantwortlich sind. Es ist jedoch ziemlich sicher, dass die motivationale Förderung für die höheren Ergebnisse verantwortlich ist. Welche Kombination und Anzahl von Motivationsverfahren am effektivsten ist, muss jedoch in folgenden Studien genauer untersucht werden.

Die Untersuchung hat gezeigt, dass die Vermittlung von kognitiven Strategien in Verbindung mit Verfahren zur Motivationsförderung ein sehr effektives Instrument zur Förderung des Leseverständnisses darstellt. Ferner wurde deutlich, dass die Lesemotivation der Schüler einen sehr wichtigen Faktor darstellt, der weder im Unterricht noch beim Einsatz von Förderprogrammen vernachlässigt werden sollte.

2.7 Zusammenfassung

Unter Lesen versteht man die geistige Verarbeitung eines Textes mit dem Ziel, dessen Bedeutung zu erfassen. Lesen ist ein zentrales kulturelles Werkzeug und eine wichtige Voraussetzung für den Wissenserwerb, den Austausch von Informationen und das lebenslange Lernen.

Lesekompetenz ist ein vielseitiger Begriff, der als eine Eigenschaft definiert werden kann, die die Menschen befähigt, bestimmte Arten von text- und lesebezogenen Anforderungen erfolgreich zu bewältigen (vgl. Mc. Elvany, 2008). Die Lesekompetenz besteht aus unterschiedlichen, miteinander interagierenden Dimensionen, zu denen kognitive Leistungen, emotionale und motivationale Fähigkeiten und Fähigkeiten zur Reflexion und zur Weiterverarbeitung des Verstandenen zählen (vgl. Groeben et al. 2002).

Die Entwicklung der Lesekompetenz vollzieht sich in drei Stufen, die zum größten Teil in der Grundschule bewältigt werden. Die Kinder entwickeln im Laufe des Leselernprozesses immer effektivere Strategien, die es ihnen ermöglichen, auch unbekannte Texte zu verstehen und ihre Lesegeschwindigkeit bei gleich bleibender Verstehensleistung zu erhöhen.

Um Texte verstehen zu können, muss der Leser in der Lage sein, Wortfolgen auf der Basis ihrer semantischen Relationen aufeinander zu beziehen und zu Propositionen zu integrieren. In diesem Zusammenhang spielt die lokale und globale Kohärenzbildung eine bedeutsame Rolle.

Dem Lernen aus Texten liegt der Aufbau einer kognitiven Textrepräsentation zu Grunde. Beim umfassenden Verstehen eines Textes konstruiert der Leser demnach eine mentale Repräsentation der Textoberfläche, des propositionalen semantischen Gehalts, der Kommunikationsabsicht des Textautors, des Textgenres und ein mentales Modell des Textgegenstands.

Die Lesekompetenz wird durch eine Reihe von Determinanten beeinflusst, die sich zum Teil durch Interventionsmaßnahmen positiv beeinflussen lassen. Zu den wichtigsten Determinanten gehören Arbeitsgedächtnis, Dekodierfähigkeit, Intelligenz, Wortschatz, Motivation, Selbstkonzept, Vorwissen und Lernstrategien.

Die Lesekompetenzen deutscher (15-jähriger) Schüler sind im internationalen Vergleich unterdurchschnittlich. Das Problem im deutschen Schulsystem besteht darin, dass das Lesenlernen im Laufe der Grundschulzeit geschehen soll und in der Sekundarstufe keine Beachtung mehr findet. Die Schüler, die die vorausgesetzte basale Lesekompetenz nicht besitzen, sind den Anforderungen der Sekundarstufe nicht gewachsen und werden auf Grund ihrer schwachen Leseleistungen erhebliche Probleme im weiteren Schul- und Berufsleben bekommen. Deswegen ist es notwendig durch geeignete Interventionsmaßnahmen die Lesekompetenz der Schüler zu fördern.

3. Selbstgesteuertes Lernen

3.1 Definition

Die von Mandl und Meinert bereits 1982 getroffene Aussage, dass der Begriff des selbstgesteuerten oder selbstregulierten Lernens „weder ein präzise definierter wissenschaftlicher Begriff noch eine einheitlich gebrauchte alltagssprachliche Bezeichnung" (S. 97) ist, trifft bis heute zu. Auch Deitering (2001) schreibt, dass es von dem Konzept des selbstgesteuerten Lernens keine einheitliche, allgemein akzeptierte Definition gibt.

Diese begriffliche Unschärfe könnte darauf zurückzuführen sein, dass alle Lernprozesse eine Steuerungskomponente aufweisen. Ist diese außerhalb des Lernenden lokalisiert, spricht man von fremdgesteuertem Lernen, liegt die Regulationsinstanz im Lerner selbst, spricht man von selbstgesteuertem Lernen. Nach Schreiber (1998) bilden Selbst- und Fremdsteuerung die Extrempunkte eines Kontinuums, die in Reinkultur nicht vorkommen können. Demnach ist eine reine Form selbstgesteuerten Lernens ohnehin eine Utopie.

Bei der Vielzahl von Definitionsansätzen ist zu beachten, wer die Definition wann und vor welchem Hintergrund verfasst hat (vgl. Friedrich et al., 1990). Nach Deitering (2001) haben jedoch alle Ansätze gemeinsam, dass der lernende Mensch im Mittelpunkt steht und dass er Initiator und Organisator seines eigenen Lernprozesses ist.

Für häufig synonym genutzte Oberbegriffe wie die des selbstständigen, des selbstorganisierten oder auch des selbstbestimmten Lernens, kann eine Definition nach Weinert dienen, der zufolge solche Lernformen dadurch charakterisiert werden, dass „der Handelnde die wesentlichen Entscheidungen, ob, was, wann, wie und woraufhin er lernt, gravierend und folgenreich beeinflussen kann" (Weinert, 1982, S. 102, zit. nach Artelt, 2000, S. 9).

Konrad und Traub (2001) beschreiben selbstgesteuertes, bzw. selbstreguliertes Lernen als eine Lernform, „die dadurch charakterisiert ist, dass der Lernende eigenständig den eigenen Lernbedarf feststellt, sich selbst motiviert, das Lernen steuert, kontrolliert, überwacht und bewertet" (S. 24).

Diese Definition beinhaltet die wichtigsten Aspekte selbstgesteuerten Lernens, lässt jedoch offen, in wie weit der Lerner Einfluss auf Zeit, Ort und am Lernprozess beteiligte Personen haben sollte. Deitering (2001) verwendet eine Definition nach Neber, die diese fehlenden Komponenten enthält: „Selbstgesteuertes Lernen ist eine Idealvorstellung, die verstärkte Selbstbestimmung hinsichtlich der Lernziele, der Zeit, des Ortes, der Lerninhalte, der Lernmethoden und Lernpartner sowie vermehrter Selbstbewertung des Lernerfolgs beinhaltet" (S. 18).

Grundlegend für selbstgesteuertes Lernen ist der Einsatz von Lernstrategien. Dabei ist es von großer Bedeutung, dass der Lerner nicht nur über die Strategien verfügt, sondern auch weiß, wann und wo er sie sinnvoll anwenden kann und soll. Zudem sind Zielbildungs- und Bewertungsvorgänge sowie zielgerichtete Regulationstätigkeiten grundlegende Komponenten selbstgesteuerten Lernens.

„Selbstgesteuert Lernende müssen in der Lage sein, Wissen, Fertigkeiten und Einstellungen zu entwickeln, die zukünftiges Lernen fördern und erleichtern" (Konrad et al., 2001, S. 24).

Selbststeuerung kann nach Boekaerts (1999) als Ziel von Unterricht und als wichtige fächerübergreifende Kompetenz zugleich angesehen werden, die Komponenten des effektiven Lernens umfasst und die es daher, vor allem in Verbindung mit kooperativen Lernformen, zu fördern gilt. Weinert betont die Bedeutung selbstgesteuerten Lernens für den Unterricht indem er selbstgesteuertes Lernen als Voraussetzung, das Mittel und das Ziel des Unterrichts beschreibt (vgl. Artelt, 2000).

3.2 Funktionsbereiche und Verhaltensmerkmale

Dem selbstgesteuerten Lernen liegen nach Brunstein und Spörer (2006) drei Funktionsbereiche zugrunde, durch die das selbstgesteuerte Lernen gekennzeichnet ist.
Selbstgesteuertes Lernen wird demnach charakterisiert durch:
1. kognitive Komponenten, die neben konzeptuellem und prozeduralem Wissen auch Wissen über aufgabenspezifische Strategien umfassen;
2. motivationale Komponenten, die der Initiierung und Aufrechterhaltung von Lernaktivitäten dienen sowie Ergebnisbewertungen und Überzeugungen von der Wirksamkeit eigenen Lernens einschließen;
3. metakognitive Komponenten, die neben dem Wissen über eigene Fähigkeiten und das individuelle Lernverhalten auch die Planung und Überwachung des eigenen Handelns hinsichtlich der angestrebten Lernziele beinhalten. (Spörer, 2003, S. 11)

Spörer (2003) beschreibt das gemeinsame Auftreten von Selbstmotivation und kognitiven Lernstrategien als notwendig, da Modelle des selbstgesteuerten Lernens neben den kognitiven Komponenten immer auch motivationale Variablen als zentrale Determinanten des Lernerfolgs enthalten. Weiterhin schreibt sie, dass erfolgreiche Selbstregulation dadurch gekennzeichnet ist, dass der Fortgang des Lernprozesses überwacht und erreichte Ziele bewertet werden. „Einzelne Elemente des selbstgesteuerten Lernens beruhen zumeist auf einer Integration aller drei Funktionsbereiche" (Brunstein & Spörer, 2006, S. 678). Schreiber (1998) ergänzt, dass es oft schwierig ist, zwischen metakognitiven und kognitiven Komponenten einer Strategie zu unterscheiden, zumal beim Lernen stets beide Aspekte beteiligt sein dürften.

Nach Brunstein und Spörer (2006) lassen sich die Verhaltensmerkmale, die beim selbstgesteuerten Lernen auftreten, in vier Bereiche unterteilen. Der erste Bereich bezieht sich auf die Lernziele. Selbstgesteuerte Lerner setzen sich selbst anspruchsvolle Ziele, die sie als persönlich bedeutsam erachten. Sie entwickeln Handlungspläne, die dazu beitragen, dass das Lernen systematisch auf das Erreichen der Ziele ausgerichtet ist. Außerdem sind sie davon überzeugt, ihre Ziele erreichen zu können.

Der zweite Bereich bezieht sich auf die Lernstrategien. Selbstgesteuerte Lerner verfügen über ein großes Repertoire an Methoden und Strategien. Diese Strategien erleichtern ihnen das Behalten, Organisieren und Elaborieren verbaler Informationen und somit das Aneignen neuen Wissens. Zudem wissen selbstgesteuerte Lerner genau, wann welche Strategie anzuwenden ist. Das Wissen über die Anwendungsbedingungen für Lern- und Denkstrategien ermöglicht neben einem hohen Maß an Flexibilität in der Gestaltung eigener Lernprozesse einen besseren Transfer neu erworbener Kenntnisse auf verwandte Aufgabenstellungen. Ferner setzen selbstgesteuerte Lerner beim Lernen neben kognitiven Strategien auch motivationale Strategien ein. Diese ermöglichen es ihnen, die initiierten Lernaktivitäten auch in schwierigen Lernphasen aufrechtzuerhalten.

Der dritte Bereich bezieht sich auf die Lernzielkontrolle. Selbstgesteuerte Lerner kontrollieren die Effektivität des Lernprozesses, indem sie überprüfen, was sie gelernt haben. Durch den Vergleich ihrer Lernfortschritte mit den vorab gesetzten Zielen, ist es ihnen möglich, den Lernprozess durch Korrekturen zu optimieren.

Der vierte Bereich bezieht sich auf die Umgebungsbedingungen. Dazu gehört ein effektives Zeitmanagement und die Auswahl und Gestaltung einer geeigneten Lernumgebung. Der selbstgesteuerte Lerner ist in der Lage, seine Lernumgebung so zu gestalten, dass er nicht gestört wird und alle wichtigen Arbeitsmaterialien vorhanden sind. Zudem ist es für das selbstgesteuerte Lernen wichtig, dass der Lernende weiß, mit und von wem es sich zu lernen lohnt. Dazu gehört, dass die Lernenden wissen, wann es wichtig ist gemeinsam zu lernen und wann andere Personen als Quelle von Informationen heranzuziehen sind.

Die Verhaltensmerkmale selbstgesteuerten Lernens sind eng mit den Funktionsbereichen verknüpft. Der Bereich „Lernstrategien" beinhaltet die kognitiven und motivationalen Komponenten des selbstgesteuerten Lernens, während die Lernzielkontrolle die metakognitiven Komponenten beinhaltet.

3.3 Lernstrategien

Nach Artelt (2000) werden Strategien oft als konstituierendes Element des selbstgesteuerten Lernens beschrieben. In der Wissenschaft besteht jedoch keine Einigkeit darüber, was genau unter dem Begriff „Lernstrategien" zu fassen ist.

Eine Strategie kann als eine Sequenz von Handlungen, mit der ein bestimmtes Ziel erreicht werden soll, beschrieben werden. „In Anlehnung daran kann eine Lernstrategie als Handlungssequenz definiert werden, die zur Erreichung eines Lernziels durchgeführt wird" (Klauer, 1988, zit. nach Wirth, 2004, S. 19). Nach Wirth (2004) bleibt bei dieser Definition jedoch weitestgehend ungeklärt, welche spezifischen Eigenschaften eine Vorgehensweise als Lernstrategie auszeichnet. Aus diesem Grund führt er eine etwas spezifischere Definition auf, die Lernstrategien als mehr oder weniger komplexe, unterschiedlich weit generalisierte beziehungsweise generalisierbare, bewusst oder auch unbewusst eingesetzte Vorgehensweisen zur Realisierung von Lernzielen, zur Bewältigung von Lernanforderungen charakterisiert. Hasselhorn und Gold (2006) ergänzen, dass Strategien den zwangsläufig beim Bearbeiten einer Aufgabe stattfindenden Prozessen übergeordnet sind und auf diese zurückgreifen. Als Versuch einen Minimalkonsens zu finden, schlagen die beiden Autoren folgende Definition vor: „Unter Lernstrategien versteht man Prozesse bzw. Aktivitäten, die auf ein Lern- oder Behaltensziel ausgerichtet sind und die über die obligatorischen Vorgänge bei der Bearbeitung einer Lernanforderung hinausgehen. Lernstrategien weisen wenigstens eine zusätzliche akzessorische Eigenschaft auf, indem sie entweder intentional, bewusst, spontan, selektiv, kontrolliert und/oder kapazitätsbelastend sind bzw. eingesetzt werden" (S. 90).

Der größte Kontrast zwischen den in der Wissenschaft existierenden Definitionen ist, dass zum Einen davon ausgegangen wird, dass Strategien überlegte und beabsichtigte Handlungen sind, die bewusst eingesetzt werden. Zum Anderen besteht ein Konsens darüber, dass Strategien zum Teil bis zu einem gewissen Grad von Automatisiertheit gelernt und intentional eingesetzt werden können (vgl. Schreblowski, 2004).

Schreblowski (2004) fasst zusammen, dass gerade die Automatisiertheit eine Grundbedingung für eine optimale Informationsverarbeitung ist, denn je stärker der Gebrauch von Strategien mit der Zeit automatisiert wird, desto weniger Aufmerksamkeit wird für die Prozedur an sich gebraucht und desto mehr Arbeitsgedächtniskapazität bleibt für andere simultan zu erledigende Dinge. Aufgrund dieser Erkenntnisse bezeichnet sie Strategien als zielführende Verfahrensweisen, die zunächst bewusst angewandt, aber allmählich automatisiert werden, jedoch gleichwohl bewusstseinsfähig bleiben.

3.3.1 Taxonomie der Lernstrategien

Lernstrategien können nach Wirth (2004) anhand vieler unterschiedlicher Gesichtspunkte klassifiziert werden. In der Literatur werden Lernstrategien oft in Primär- und Stützstrategien unterteilt. Unter den Primärstrategien versteht man diejenigen Strategien, die direkt auf die Verarbeitung von Informationen abzielen und zur Veränderungen kognitiver Strukturen und Prozesse führen (vgl. Wirth, 2004). Hasselhorn und Gold (2006) beschreiben Primärstrategien als die von Lernenden quasi habituell bevorzugten Herangehensweisen oder Lernstile. Zu den Primärstrategien gehören beispielsweise Strategien des Wissenserwerbs, wie das Zusammenfassen von Text in Worten oder mit Hilfe graphischer Repräsentationstechniken, Mnemotechnik oder die Schlüsselwortmethode.

Stützstrategien haben die Funktion, Lernen in Gang zu setzen, aufrecht zu erhalten und zu steuern, sie wirken also nur indirekt auf den Prozess der Informationsverarbeitung ein. Nach Wirth (2004) werden unter Stützstrategien Strategien der Selbstmotivierung, Strategien der Abschirmung willentlicher Vorannahmen gegen konkurrierende Handlungstendenzen, Strategien der Aufmerksamkeitssteuerung, der Zeitplanung und der metakognitiven Kontrolle des eigenen Lernens gefasst. Nach Hasselhorn und Gold (2006) kann die Anwendung von Stützstrategien auch als Ressourcenmanagement bezeichnet werden (siehe 3.3.4).

Dieser Ansatz wird von manchen Forschern durch das Unterteilen der Primärstrategien in Wiederholungs-, Elaborations- und Organisationsstrategien erweitert.

Wiederholungsstrategien werden genutzt, um Informationen im Kurzzeitgedächtnis zu halten oder die Übernahme von Informationen in das Langzeitgedächtnis zu unterstützen. Bei der Textverarbeitung kann ein Text z.B. mehrmals gelesen werden, um sich die wichtigsten Informationen einzuprägen oder es können Notizen angefertigt werden, die nach der Bearbeitung des Textes laut wiederholt werden.

Da durch das Anwenden von Wiederholungsstrategien die Informationen nicht verändert oder zu einem neuen Produkt verarbeitet werden, spricht man in Anlehnung an das Konzept der Verarbeitungstiefe von Craik und Lockhart auch von Oberflächenstrategien (vgl. Artelt, 2000).

Elaborations- und Organisationsstrategien werden diesem Ansatz nach als Tiefenverarbeitungsstrategien bezeichnet, da man aufgrund der Konstruktion von Sinnstrukturen, der Integration neuer Informationen in vorhandene Wissensstrukturen oder dem Transfer von neu Gelerntem auf andere Kontexte, von einer tieferen Verarbeitung der Informationen sprechen kann (vgl. Wirth, 2004).

Wirth (2004) stellt fest, dass die Verfügbarkeit einer möglichst hohen Anzahl unterschiedlicher Strategien eine notwendige Voraussetzung ist, um selbstgesteuert effektiv und flexibel die jeweiligen Anforderungen einer Lernaufgabe bewältigen zu können.

Im Folgenden wird näher auf eine der prominentesten Taxonomien von Lernstrategien eingegangen, die zwischen kognitiven Strategien, metakognitiven Strategien und Stützstrategien des Ressourcenmanagements unterscheidet.

3.3.2 Kognitive Strategien

Im Rahmen der kognitiven Verarbeitung findet das eigentliche Lernen statt (vgl. Schreiber, 1998). Die Strategien zur kognitiven Verarbeitung während des Lernens sind von großer Bedeutung, da sie ausschlaggebend dafür sind, wie Informationen aufgenommen und verarbeitet werden. Die Aufgabe des Lerners ist es, sich auf die von ihm aufzunehmenden Informationen vorzubereiten und zusammenhängende kognitive Strukturen zu aktivieren (vgl. Schreiber, 1998). „Um das Verständnis der neuen Information zu fördern, muss der Lerner implizit vorhandene Informationen explizit ausarbeiten und Voraussetzungen, Konsequenzen und Beziehungen aufdecken" (Schreiber, 1998, S. 103).

Informationen sollten möglichst so verarbeitet werden, dass es zu einer situativen Textrepräsentation kommt. Zuletzt muss der Lerner den Abruf seines Wissens trainieren und den Transfer auf andere Situationen und Probleme üben (vgl. Schreiber, 1998).

Nach Schreiber (1998) dienen kognitive Lernstrategien der Auswahl und Aufnahme von Informationen, dem Abspeichern, der Elaboration, der Organisation, der Wiederholung und dem Abruf des Lernstoffs.

Die kognitiven Strategien werden in der Literatur gemäß ihrer besonderen Funktionen im Lernprozess unterteilt. Meist wird phänomenologisch zwischen Memorier- oder Wiederholungs-, sowie Organisations- und Elaborationsstrategien unterschieden.

Nachdem die Wiederholungsstrategien oben schon erläutert wurden, soll hier ausführlich auf die Elaborations- und Organisationsstrategien eingegangen werden, da diese im Rahmen dieser Untersuchung von großer Bedeutung sind.

Die Elaborationsstrategien dienen der Integration von neuen Informationen in die bestehende Wissensbasis, indem die Inhalte eines Textes mit dem Vorwissen und den eigenen Erfahrungen des Lesers verbunden werden (vgl. Schreblowski, 2004). Daneben helfen sie beim Lesen eines Textes, Unstimmigkeiten zu entdecken bzw. das Verständnis für den Inhalt zu verbessern. Nach Schreblowski (2004) geht es beim Lesen eines Textes vor allem darum, dass der Leser den Textinhalt aktiv mit seinen eigenen Wissensbeständen, seinen eigenen Vorstellungen und Erfahrungen verknüpft. Demnach können Elaborationen bildhafte Vorstellungen eines Sachverhaltes sein, zur kritischen Auseinandersetzung anregen, Aussagen über das eigene Wissen treffen und das Bilden von Analogien und das Umschreiben von Sachverhalten mit eigenen Worten darstellen.

Nach Schreblowski (2004) können Hilfstechniken wie die Aktivierung des Vorwissens oder das Stellen von Fragen dazu dienen Interesse und Neugier zu wecken, ein zielgerichtetes Lesen anzuregen und das Verständnis zu überprüfen. Abschließend stellt sie fest, dass Elaborationen nur dann nützlich sind, wenn sie dem tieferen Verständnis eines Textes dienen.

Die Organisationsstrategien werden auf Grund ihrer Funktion auch als reduzierende Strategien bezeichnet. Diese Funktion besteht darin, komplexe Informationen so zu organisieren, dass sie angesichts der beschränkten Kapazität des Arbeitsspeichers überhaupt verarbeitet werden können (vgl. Mandl & Friedrich, 1992). Dazu gehört das Zusammenfassen und Gruppieren von Detailinformationen zu größeren Sinneinheiten.

Zu den reduktiven Strategien gehören unter anderem das Unterstreichen von wesentlichen Informationen eines Textes, das Zusammenfassen von Texten oder Textabschnitten und das Anfertigen von Notizen. Die Anwendung der Strategie „Unterstreichen" erhöht die Aufmerksamkeit während des Lesens und erleichtert das Weiterarbeiten, da die Markierungen als Grundlage für eine Zusammenfassung genutzt werden können (vgl. Schreblowski, 2004).

Bei dem Anfertigen von Notizen und Zusammenfassungen geht es darum, den Text auf die wichtigsten Inhalte zu komprimieren. Dafür ist es wichtig, unwichtige Informationen zu erkennen und wegzulassen, bestimmte Sinneinheiten durch allgemeinere (Generalisation) oder übergeordnete (Abstraktion) zu ersetzen und inhaltlich zusammenhängende Sinneinheiten zusammenzufassen (vgl. Schreblowski, 2004). Durch die erhöhte Aufmerksamkeit beim Lesen kommt es zu der oben erwähnten Tiefenverarbeitung.

Schreblowski (2004) konstatiert, dass eine distinkte Einteilung von Strategien in elaborative und reduktive in der Praxis nicht immer ganz gelingt. Vernetzungen zwischen den einzelnen Strategien machen es unmöglich zu bestimmen, welche Strategie für ein bestimmtes Lernergebnis erforderlich ist (vgl. Schreiber, 1998). Es ist daher dem Lerner überlassen, die für seinen Lernfortschritt und den jeweiligen Lerngegenstand geeigneten Lernstrategien auszuwählen. Die Auswahl der angemessenen kognitiven Strategien wird durch die bereits beschriebenen metakognitiven Prozesse gelenkt.

3.3.3 Metakognitive Strategien

Nach Hasselhorn und Gold (2006) stoßen die kognitiven Strategien mit zunehmender Komplexität der Lernanforderung und höheren Ansprüchen und Anforderungen des Lernens oft an ihre Grenzen. Deswegen ist ein flexibler, kritischer und reflektierter Umgang mit kognitiven Strategien, gerade in Lernanforderungen mit hoher Komplexität, von großer Bedeutung.

Nach Wirth (2004) äußern sich metakognitive Strategien in der zielgerichteten, prozessregulierenden Anwendung von Wissen über den eigenen kognitiven Apparat sowie seine Funktionsweisen und Ressourcen und sind somit der Schlüssel eines kritisch reflektierten Lernens. Zu den metakognitiven Strategien gehören übergeordnete Strategien der Planung, Überwachung, Bewertung und der darauf basierenden Regulation des eigenen Lernprozesses.

Am Anfang eines jeden Lernprozesses steht die Planung, bei der es darum geht, das Ziel und die Aufgabenanforderungen zu antizipieren und dementsprechend einen Handlungsplan zu entwerfen. Dabei muss der Lernende als erstes feststellen, welches Ziel angestrebt wird und wie er dieses Ziel erreichen kann. Nach Hasselhorn und Gold (2006) sollten die Ziele so konkret wie möglich gefasst und Kriterien für die Zielerreichung festgelegt werden.

Zur Planung gehören außerdem die Auswahl von Strategien und der Reihenfolge des strategischen Vorgehens sowie die Einschätzung und Planung der eigenen Ressourcen. Der Lernende muss sich beispielsweise fragen, wie viel Zeit er investieren will, wie viel zur Verfügung steht oder wie lange er seine Konzentration aufrecht erhalten kann.

Bei der Überwachung geht es nach Hasselhorn und Gold (2006) zum einen um die Feststellung von Ist-Soll-Diskrepanzen und zum andern um die Korrektur einer Aufgabenbearbeitung bzw. das kritische Begleiten des eigenen Bearbeitungsfortschritts. Die Autoren sehen das Sammeln von Informationen über den bereits erreichten Lern- bzw. Verstehensstand als eine wichtige Funktion der Überwachung. Dazu gehört, die zu bearbeitende Aufgabe in ihrer Zielvorgabe genau zu identifizieren, die Weiterentwicklung bei der Aufgabenlösung zu beobachten und vorherzusagen, welches Ergebnis wohl erzielt werden wird, wenn der Arbeitsprozess so wie bisher fortschreitet (vgl. Hasselhorn & Gold, 2006). Durch die Überwachung werden Regulationsprozesse ausgelöst, die das Verstehen und Behalten regulieren und dazu beitragen, die Ressourcen für eine Aufgabenbearbeitung klarer zu definieren, eine konkrete Abfolge von Schritten für die Bearbeitung festzulegen und die Intensität und Geschwindigkeit des strategischen Vorgehens genauer zu bestimmen (vgl. Hasselhorn & Gold, 2006).

In diesem Zusammenhang wird deutlich, dass Handlungsüberwachung und Handlungssteuerung sehr eng zusammenhängen und auch voneinander abhängig sind. Nur wer seinen Lernprozess aufmerksam überwacht, kann bemerken, dass Probleme auftreten und dementsprechend bewusst Maßnahmen ergreifen, um den Lernprozess zu optimieren.

Nach Beendigung einer Lernaufgabe wird die Bewertung durchgeführt. Bei der Bewertung geht es darum, in enger Bezugnahme auf den vorangegangenen Planungsprozess zu beurteilen, ob die Ergebnisse mit den gesetzten Zielen übereinstimmen. Darüber hinaus sollte der Lernende überprüfen, ob der Lernprozess so abgelaufen ist, wie er es sich vorgestellt hat, ob die ausgewählten Strategien hilfreich waren und ob der Zeitplan eingehalten werden konnte. Hasselhorn und Gold (2006) machen darauf aufmerksam, dass die Reflexion solcher Fragen Auswirkungen auf die Art der Bearbeitung zukünftiger Aufgaben hat und somit auch das Bewerten zu einer ständigen Verbesserung und Verfeinerung des Lernprozesses und zur strategischen Expertise beiträgt.

3.3.4 Ressourcenmanagement

Schreblowski (2004) versteht unter Ressourcenmanagement alle Lernaktivitäten, die den Informationsverarbeitungsprozess indirekt unterstützen. Nach Artelt (2000) kann man bei den Strategien des Ressourcenmanagements zwischen einem internen (motivationalen) und einem externen Ressourcenmanagement unterscheiden.

Zu dem internen Ressourcenmanagement zählt sie die Überwachung von Anstrengung und Aufmerksamkeit sowie die planvolle Nutzung der Lernzeit. Dabei spielen die intrinsische Motivation, die wahrgenommene Selbstwirksamkeit und erfolgszuversichtliches Verhalten eine bedeutsame Rolle. Die Nutzung dieser Faktoren ist für den Einsatz kognitiver und metakognitiver Strategien von großer Bedeutung, da diese nur zum Einsatz kommen, wenn der Lernende in der Lage ist, sich selbst optimal zu motivieren (siehe 3.4).

Zum externen Ressourcenmanagement gehören alle Bemühungen zur Optimierung der Lernumwelt, z.B. durch eine angemessene Gestaltung des Arbeits- und Lernplatzes, durch die Nutzung institutioneller Gegebenheiten, wie z.B. Büchereien oder Computerräume sowie durch die Bildung von Arbeits- oder Lerngruppen.

3.4 Motivation

Selbstgesteuertes Lernen setzt ein hohes Maß an Motivation voraus. Die oben erwähnten kognitiven und metakognitiven Strategien sind zunächst nur ein Repertoire potentiell sinnvoller Strategien. Ob sie in einer konkreten Situation aktiviert werden, hängt von der Motivation der Lernenden ab (vgl. Friedrich, 2002). Schreiber (1998) ergänzt, dass selbstgesteuerte Lerner nicht nur zum Lernen motiviert sein müssen, sie müssen auch motiviert sein, ihr Wissen über Strategien zu nutzen.

Friedrich (2002) schreibt: „Wichtige motivationale lernerseitige Voraussetzungen für selbstgesteuertes Lernen sind intrinsische Motivation, positive lernbezogene Selbstwirksamkeitsüberzeugungen und volitionale Strategien" (S. 6). Nach Friedrich (2002) ist intrinsische Motivation deshalb für das Lernen vorteilhaft, weil sie mit Indikatoren tiefergehenden Lernens bzw. dem Einsatz komplexer Lernstrategien positiv korreliert. Extrinsische Motivation führt dagegen zu Lernformen, die mit der Nutzung von Oberflächenstrategien einhergehen.

Unter Selbstwirksamkeitsüberzeugungen versteht Friedrich (2002) eine Art des Selbstvertrauens, nämlich das Vertrauen, über jene Fähigkeiten und Fertigkeiten zu verfügen, die erforderlich sind, um eine Lernaufgabe zu lösen. Er postuliert, dass hohe Selbstwirksamkeitsüberzeugungen positiv mit einer häufigeren Verwendung tiefenverarbeitender und metakognitiver Strategien sowie mit hoher Ausdauer beim Lernen korrelieren. Spörer (2003) ergänzt, dass Selbstwirksamkeitsüberzeugungen zusätzlich die Aufgabenwahl und die Anstrengungsbereitschaft beeinflussen.

Unter dem Begriff der volitionalen Strategien versteht Friedrich (2002) Willensstrategien, die den Lernenden darin unterstützen, „einmal gefaßte Absichten und Lernziele beizubehalten und gegen konkurrierende Handlungstendenzen zu schützen" (S. 6). Dabei geht es darum, wie beharrlich der Lernende sein Ziel verfolgt und welche Strategien er nutzt um den Lernprozess von äußeren Einflüssen abzuschirmen. Mögliche Strategien wären die Ausblendung absichtsgefährdender Informationen und Stimuli, durch eine mentale Erhöhung der Attraktivität der beabsichtigten Handlung oder des Handlungsziels (vgl. Friedrich, 2002).

Alle genannten Motivationskomponenten sind eng miteinander verknüpft und bedingen sich gegenseitig.

Anhand der aufgeführten Erkenntnisse kann man zu dem Schluss kommen, welche Bedeutung es hat, dass die Lerner über ausreichend Strategien zur Selbstmotivierung verfügen. Dazu zählen z.b. Strategien, die den Lernenden helfen sich den Nutzen und die Bedeutung des Lerngegenstands selbst zu verdeutlichen.

Zudem kann die Motivation und die Souveränität der Lernenden durch ein hohes Maß an Autonomie und die Freiheit, Ziele, Entscheidungen und Tätigkeiten selbst zu bestimmen, erhöht werden (vgl. Simons, 1987).

3.5 Die Rolle des Lehrers

Deitering (1998) spricht von dem Lehrenden als Förderer. Er teilt mit dem Lernenden die Verantwortung für den Lernprozess und ist ein Lernberater, -helfer, -organisator, der Lernprozesse anregt und Hilfsmittel, einschließlich der eigenen Person, anbietet (vgl. Deitering, 1998). Dazu gehört unter anderem:

- verständnisvolles und akzeptierendes Verhalten
- angstfreies, sanktionsfreies Klima
- emotional echte Grundhaltung
- modellhaftes Vorleben der Grundwerte des selbstgesteuerten Lernens
- Anregung von Initiative, Engagement und Partizipation
- Förderung eigenverantwortlichen Handelns
- methodisch-didaktische Aspekte zum Lerninhalt machen
- kein „laissez-faire-Stil", sondern situatives Führen
- offene Kommunikation
- Förderung der Kreativität

(Deitering, 1998, S. 157)

Da sich das selbstgesteuerte Lernen auf das Selbst des Individuums bezieht, ist es wichtig, dass das Lernen individualisiert wird. Der Lehrer hat die

Aufgabe, die Schüler dort abzuholen, wo sie stehen und durch Variation der Lernziele, der Lernmethoden, der Lernhilfen, des Lernmaterials und der Lernzeit auf die unterschiedlichen Lerngewohnheiten, -techniken und -strategien einzugehen (vgl. Deitering, 1998). Der Lehrende hat in diesem Zusammenhang verschiedene Aufgaben zu erfüllen:

➢ Diagnostische Aufgabe: Die Lernkompetenz und den Lernstand des Lerners einschätzen.
➢ Prognostische Aufgabe: Programme für die weitere Entwicklung des Lernenden anbieten.
➢ Arrangierende Aufgabe: über individuelle Lernkontrakte und -arrangements verhandeln.
➢ Kontaktvermittelnde Aufgabe: Kontakte im Lernfeld herstellen.
➢ Beratende Aufgabe: Lernberater in allen lernrelevanten Fragen sein.
(Lenz 1982, S. 138)

Das Ziel ist jedoch, dass der Lehrende sich immer mehr zurücknimmt und der Lernende immer mehr die Aufgaben des Lehrenden übernimmt.

3.6 Modelle des selbstgesteuerten Lernens

3.6.1 Zyklisches Modell

Abb. 1: Zyklen der Selbstregulation (nach Zimmerman, 1998, S. 83)

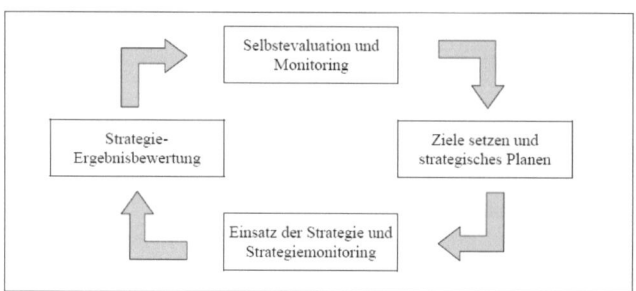

Zimmerman (1998) beschreibt die Selbstregulation des Lernens als zyklischen Prozess einer ständigen und kreisförmigen Aufeinanderfolge von Phasen der Lernvorbereitung, der eigentlichen Lernhandlung und der nachbereitenden Analyse des Lernergebnisses (Abb. 1). Nach Hasselhorn und Gold (2006) sprechen andere Autoren von Phasen vor, während und nach dem Lernen.

Zimmermans Modell beruht auf der Annahme, dass das Setzen von anspruchsvollen Zielen ein bedeutsames Merkmal selbstgesteuerten Lernens ist und daraus resultierend die Selbststeuerung nicht nach einem ersten „Zieldurchlauf" beendet ist, sondern dass sich selbstgesteuertes Lernen mit dem Setzen neuer, anspruchsvollerer Ziele fortsetzt (vgl. Spörer, 2003).

Die einzelnen Aktivitäten können nach Hasselhorn und Gold (2006) in zwei Phasen unterteilt werden. In der ersten Phase geht es um die Lernvorbereitung, während es in der zweiten Phase um den eigentlichen Lernprozess geht.

Zu der Phase der Lernvorbereitung gehören die Selbstevaluation und das Monitoring sowie das Setzen der Ziele und das strategische Planen. Dabei geht es zum Einen um die Selbstbeobachtung und die Selbstbewertung des eigenen, gleichsam dispositional-habituellen Lernverhaltens, im Sinne einer Bestandsaufnahme der aktuellen Lernvoraussetzungen und der Lernvorgeschichte und zum anderen um die aus der Selbstdiagnose resultierende Festlegung konkreter Lernziele, einschließlich der Auswahl geeigneter und verfügbarer Strategien zur Zielerreichung (vgl. Hasselhorn und Gold, 2006).

In der eigentlichen Lernphase werden die in der ersten Phase ausgewählten Strategien eingesetzt und der Strategieeinsatz fortwährend überwacht (Monitoring). Am Ende der Lernphase werden die Effektivität des Strategieeinsatzes und das erreichte Ergebnis im Hinblick auf das angestrebte Lernziel bewertet. Nach Spörer (2003) ist es wichtig für das weitere Lernen, dass Lernende ihren Lernerfolg mit dem Einsatz konkreter Strategien verbinden und auch die Effektivität des Lernens bewerten.

Nach Hasselhorn und Gold (2006) bezeichnen die aufgeführten Aktivitäten des Lernzyklus die Prozesskomponenten selbstgesteuerten Lernens. Der Prozess der Selbstbeobachtung nimmt dabei eine besondere Stellung ein. Man findet ihn im Zusammenhang mit der Selbstevaluation, der Strategieimplementation und der Ergebnisbewertung.

Als ein weiteres wichtiges Merkmal des zyklischen Modells beschreibt Spörer (2003) das Modelllernen. Sie erläutert, dass selbstgesteuertes Lernen als höchste Stufe eines Entwicklungsprozesses betrachtet wird, der mit der Beobachtung eines Modells beginnt, sich in der Nachahmung der beobachteten Handlungen fortsetzt und nach der „Überwindung" der Stufe der Selbstkontrolle letztendlich in Selbstregulation mündet. Sie kritisiert jedoch, dass in Lernstrategie-Trainings der Vermittlung von Selbstbeobachtungsstrategien, trotz der großen Bedeutung für den selbstgesteuerten Lernprozess, wenig Beachtung geschenkt wird.

1.6.2 Dreischicht-Modell

Abb. 2: Das Dreischicht-Modell selbstgesteuerten Lernens

(in Anlehnung an Boekaerts, 1999).

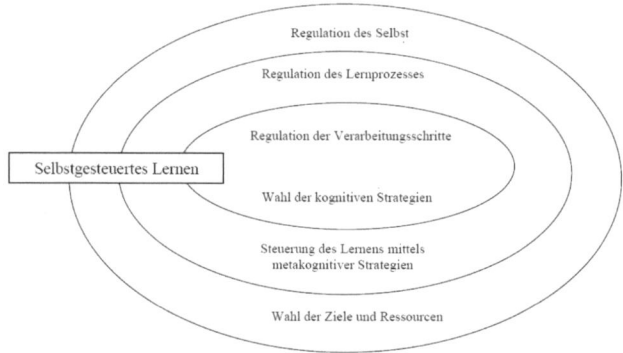

Boekaerts (1999) sieht selbstgesteuertes Lernen als Interaktion der kognitiven, metakognitiven und motivationalen Aspekte des Lernens und beschreibt drei Ebenen der Regulation (siehe Abb. 2). Diese Ebenen sind die Regulation der Informationsverarbeitung, die metakognitive Steuerung des Lernens und die Regulation der Motivation.

Boekaerts weist gezielt auf den wichtigen Aspekt der Selbstregulation und auf die wechselseitigen Verknüpfungen und Bedingtheiten der motivationalen und der kognitiven Regulationsebenen hin.

Ihr Modell besteht aus drei konzentrischen Ellipsen (Abb. 2). Die innere Ellipse thematisiert die Ebene der kognitiven Prozesse und der auf sie einwirkenden kognitiven Primärstrategien (siehe 3.3.1) der Informationsverarbeitung. Regulation auf der Ebene der kognitiven Prozesse setzt notwendigerweise voraus, dass der Lerner über unterschiedliche Primärstrategien verfügt, zwischen denen er wählen kann. Auf dieser Ebene sind nach Boekaerts „Was-Fragen" des Lerners, wie z.B. „Was kann ich tun, um den Inhalt eines Textes zu behalten?" von großer Bedeutung.

Die mittlere Ellipse stellt die nächsthöhere Regulationsebene dar. Es geht hier nicht mehr um die Regulation einzelner Verarbeitungsschritte, sondern um die des ganzen Lernprozesses.

Die Regulation des Lernprozesses kann nach Boekaerts prinzipiell internal, external oder gemischt erfolgen. Eine internale Lernprozessregulation liegt vor, wenn die Lerner selbst in der Lage sind, ihren Lernprozess mit Hilfe metakognitiver Strategien zu planen und zu überwachen. Sind die Lerner ganz oder teilweise auf die Hilfe anderer angewiesen, handelt es sich um eine externale oder gemischte Lernprozessregulation. Boekaerts weist darauf hin, dass eine dauerhaft externale Lernprozessplanung und -überwachung problematisch ist, da der Lerner stets von anderen Personen abhängig ist.

Nach Boekaerts geht es auf dieser Ebene um die „Wie-Fragen", z.b.: „Wie kann ich kontrollieren, ob ich die Hauptaussage eines Textes verstanden habe?". Diese Ebene der Regulation setzt metakognitives Wissen voraus und erfordert die metakognitiven prozeduralen Fertigkeiten des Planens, Überwachens und Korrigierens.

Die äußere Ellipse symbolisiert die Einbettung des gesamten Lernprozesses in das kognitive und das motivatonale Selbstkonzept sowie in die selbstbezogenen Überzeugungen einer Person. In dieser Schicht geht es um die Regulation des Selbst. Boekaerts versteht darunter die Festlegung von zur Zielerreichung notwendigen Zielen und Ressourcen und die Kontrolle motivational-volitiver Prozesse. Nach Boekaerts sind „Warum-Fragen", wie z.b.: „Warum soll ich diesen Text überhaupt lesen?" für diese Ebene charakteristisch.

Diese Regulationsebene ist die Allgemeinste, da sie sich auf die Person des Lerners bezieht und nicht auf den Lernprozess. Ihre Funktionalität beeinflusst die Qualität der lernprozess- und lernbezogenen Regulationsprozesse.

3.6.3 Drei-Phasen-Modell

Abb. 3: Drei-Phasen-Modell (nach Schiefele & Pekrun, 1996)

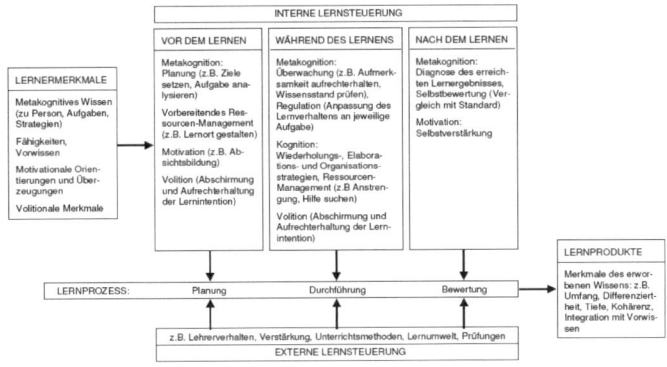

Schiefele und Pekrun (1996) formulieren als Zielstellung des Modells die Funktionsbeziehungen metakognitiver, kognitiver, motivationaler und volitionaler Aspekte beim selbstgesteuerten Lernen zusammenzufassen und Teilprozesse zu verdeutlichen.

Schiefele und Pekrun unterschieden in ihrem Drei-Phasen-Modell (Abb. 3) die Phase der Lernplanung, der Lerndurchführung und der Lernbewertung, weisen jedoch darauf hin, dass in realen Lernsituationen nicht selten von dieser idealisierten Reihenfolge abgewichen wird. Die drei Phasen können entweder intern selbstgesteuert werden oder von außen fremdgesteuert werden. Die interne Steuerung zielt in allen drei Phasen auf die links in der Abbildung dargestellten, grundlegenden Funktionsbereiche erfolgreichen Lernens, nämlich auf Vorwissen, auf Lernstrategien und deren metakognitive Regulation, sowie auf Motivation und Volition ab.

Zu den Steuerungsmaßnahmen vor dem Lernen gehören die Herausbildung einer Lernabsicht und die Abschirmung und Verteidigung dieser Intentionen gegenüber Störreizen (Funktionsbereich Motivation und Volition). Weiterhin muss der Lerner seine lerninhaltsbezogenen Vorkenntnisse aktualisieren und sie sich bewusst machen (Funktionsbereich Vorwissen), vorsorglich benötigte Hilfsmittel für das Lernen bereitstellen, konkrete Ziele formulieren und die Lernstrategien zur Zielerreichung auswählen (Funktionsbereich „Metakognitives Wissen").

Die Steuerungsmaßnahmen während des Lernens dienen vor allem der Abschirmung und Aufrechterhaltung der gefassten Lernintention gegenüber anderen Handlungsabsichten. Im Vordergrund steht jedoch der Einsatz kognitiver Strategien der Informationsverarbeitung und metakognitiver Strategien der Überwachung und Regulation.

Zu den metakognitiven Strategien gehören z.B. das Aufrechterhalten und die Regulation der Aufmerksamkeit sowie das Erkennen und der Umgang mit Verständnisproblemen.

Die Steuerungsmaßnahmen, die nach dem Lernen angewendet werden, dienen vornehmlich der Selbstbewertung der Ergebnisse. Der Strategieeinsatz wird auf Angemessenheit und Erfolg geprüft. Ist der Lernprozess erfolgreich verlaufen, wird die Selbstbewertung zur Selbstverstärkung führen.

Anhand des Modells ist gut zu erkennen, dass in allen Lernphasen sowohl metakognitive als auch kognitive und motivational-volitive Aspekte von Bedeutung sind. Im Vergleich zu dem zyklischen Modell von Zimmerman ist jedoch die Rückkoppelung zwischen der Phase nach dem Lernen und der Phase vor dem Lernen außer Acht gelassen worden.

3.7 Wie kann selbstgesteuertes Lernen in der Schule gefördert werden?

Nach Friedrich (2002) lässt sich selbstgesteuertes Lernen nicht im Rahmen kurzfristiger Maßnahmen realisieren, seine Vermittlung muss langfristig angelegt sein. Aus diesem Grund sieht er gerade die Institution Schule als bestens dafür geeignet, Selbststeuerungskompetenzen zu vermitteln. Hinzu kommt, dass die Vermittlung von Lernstrategien in der Schule in Kombination mit der Vermittlung von Inhaltswissen erfolgen kann.

„Problemlösungskompetenz kann nicht durch routinehafte Abläufe entstehen, Entscheidungskompetenz nicht dort, wo es keine Entscheidungsmöglichkeiten gibt, Kontrollkompetenz nicht dort, wo Kontrolle von außen kommt" (bmb+f, 1998). Diese Aussage des Bundesministeriums für Bildung, Wissenschaft, Forschung und Technologie macht deutlich, dass die Strukturen des herkömmlichen Schulunterrichts entscheidend verändert werden müssen, um die Schüler zu selbstgesteuertem Lernen zu befähigen.

Die Förderung des selbstgesteuerten Lernens kann an zwei Punkten ansetzen. Eine Möglichkeit wäre, den Lernenden die erforderlichen kognitiven und motivationalen Komponenten (interne Bedingungen) direkt zu vermitteln. Die zweite Möglichkeit betrifft die Umgestaltung der Lernumwelten (externe Bedingungen), durch die den Schülern Chancen und Möglichkeiten zum selbstgesteuerten Lernen eröffnet werden können.

Zu der Umgestaltung der Lernumwelt gehört, dass den Schülern die Möglichkeit gegeben wird an der Unterrichtsgestaltung zu partizipieren, das eigene Lernen selbst zu planen, gestalten und zu kontrollieren. Um dies zu gewährleisten, müssen Unterrichtsmethoden eingesetzt werden, die den Lernenden Freiheitsgrade für eigene Entscheidungen einräumen bzw. eigene Entscheidungen und Verantwortungsübernahme von ihnen verlangen (vgl. Friedrich, 2002). Solche Unterrichtsmethoden sind beispielsweise

> das Gruppenpuzzle und andere Kooperationsskripte,
> die Stationenarbeit,
> die Wochenplanarbeit,
> die Projektmethode,
> das entdeckende Lernen und
> die Freiarbeit.

(vgl. Wiechmann, 1999)

Ein weiterer Ansatzpunkt wäre das selbstgesteuerte Lernen durch den Einsatz neuer Medien zu fördern. Dabei geht es nicht um das Nutzen von strukturierter Lernsoftware, sondern z.B. um die Nutzung des Internets zur Literaturrecherche, da diese dem Lernenden erhebliche Entscheidungsspielräume bezüglich der Lernwege, der Auswahl und Reihenfolge der Lernschritte einräumt.

Wie oben schon erwähnt, hat die Motivation der Lernenden einen entscheidenden Einfluss auf die Nutzung von Lernstrategien und somit auf das selbstgesteuerte Lernen. Auf diese Erkenntnisse bauend, will Friedrich (2002) selbstgesteuertes Lernen dadurch fördern, dass er die Lernenden zum selbstgesteuerten Lernen motiviert. Dies könnte durch die Gestaltung von Lernsituationen bewirkt werden, die selbstgesteuertes Verhalten aktivieren. Er führt die Selbstbestimmungstheorie der Motivation von Deci und Ryan auf, der zu Folge drei angeborene Bedürfnisse als besonders wichtig für Ler-

nen gelten und – nach Annahme der Autoren – bei allen Menschen in hinreichender Ausprägung vorhanden sind:
- das Bedürfnis nach Kompetenz (Tüchtigkeit),
- das Bedürfnis nach Autonomie (Selbstbestimmung) und
- das Bedürfnis nach sozialer Eingebundenheit.

Er kommt zu dem Schluss, dass Lernumgebungen die Gelegenheit geben, diese Bedürfnisse zu befriedigen, das Auftreten intrinsischer Motivation und von Selbststeuerung fördern.

Als letzte Maßnahme zur Umgestaltung der Lernumgebung nennt Friedrich (2002) das Realisieren von kooperativen Lernformen. Durch die positiven Effekte, die kooperatives Lernen auf die kognitiven, motivationalen und sozialen Faktoren hat, kann das selbstgesteuerte Lernen im Rahmen kooperativen Lernens durchaus gefördert werden. Es ist jedoch von großer Bedeutung die Grundelemente des kooperativen Lernens (siehe 4.3) umzusetzen und die Aufgabenstruktur sinnvoll zu gestalten, da sonst kein effektives Arbeiten möglich ist und negative Einstellungen zur Gruppenarbeit entstehen können (vgl. Friedrich, 2002).

Um den Schülern die für selbstgesteuertes Lernen erforderlichen Fähigkeiten zu vermitteln, müssten Lernstrategien zum Gegenstand des Unterrichts gemacht werden und wie andere Unterrichtsgegenstände vermittelt werden. Friedrich (2002) vertritt sogar die Ansicht, dass die Inhaltsvermittlung zu Gunsten der Vermittlung von Lernstrategien reduziert werden kann. Es sollte jedoch darauf geachtet werden, dass die Strategien Instrumente für den Erwerb von Inhaltswissen bleiben, die in der Auseinandersetzung mit dem jeweiligen Inhalt erworben werden und nicht zum eigentlichen Lerninhalt werden (vgl. Friedrich, 2002).

Nach Hasselhorn und Gold (2006) gehört die Anleitung zur Selbstbeobachtung, zur Selbstbewertung und zur Selbstverstärkung, das Modellieren und Erklären von Maßnahmen der Selbstregulation von Lernprozessen und das Übertragen der Verantwortlichkeit für das Management von Lernzeit und Anstrengung zu den Unterrichtsinhalten, die notwendig sind, um die Schüler zum selbstgesteuerten Lernen zu befähigen.

Darüber hinaus wäre es für eine effiziente Förderung der Selbststeuerungskompetenzen an Schulen sinnvoll, dass die Lehrer kooperieren und sich für ein bestimmtes Programm zur Vermittlung von Lernstrategien entscheiden, welches schulintern umgesetzt wird. Friedrich (2002) schlägt vor, dass eine „Ersteinführung" beispielsweise im Rahmen einführender Kurse zum Schuljahresbeginn geschehen könnte. Weiterhin müsste eine wiederholte Anwendung der Lernstrategien in verschiedenen Fächern, zu verschiedenen Zeitpunkten im Schuljahr und in verschiedenen Klassenstufen organisiert werden, damit die Strategien aufrechterhalten, ausgebaut und in verschiedenen Inhaltsgebieten angewendet werden (vgl. Friedrich, 2002).

3.7.1 Beispiel für ein Interventionsprogramm

Der oben aufgeführten Forderung, Lernstrategien zum Unterrichtsgegenstand zu machen und sogar Wissensvermittlung zugunsten von Lernstrategievermittlung zu reduzieren, sind Labuhn, Bögeholz und Hasselhorn (2008) in der im Folgenden dargestellten, quasi-experimentellen Interventionsstudie nachgegangen.

Ziel der Studie war die systematische Anregung verschiedener Elemente der Selbstregulation in den naturwissenschaftlichen Unterricht zu integrieren und zu prüfen, ob sich dadurch die Selbstregulation steigern lässt und wie sich dieses Vorgehen auf das fachliche Lernen auswirkt. Ferner ging es den Autoren darum herauszufinden, ob durch unterrichtsintegrierte Selbstregulationsanregungen ein Lernvorteil in späteren Unterrichtseinheiten erzielt werden kann.

An der Studie nahmen 199 Schüler (94 Mädchen und 105 Jungen) aus sieben siebten Klassen einer Gesamtschule aus Nordrhein-Westfalen teil. Vier der sieben Klassen bildeten die Trainingsgruppe, die restlichen drei die Kontrollgruppe. Die Trainings- und Kontrollgruppen unterschieden sich jedoch nicht hinsichtlich des Geschlechts, Alters, Migrationshintergrunds und sprachlichen Fähigkeiten.

Die Untersuchung wurde in zwei Phasen unterteilt. In der ersten Phase (6 Wochen) fand in der Kontrollgruppe ein mit den Lehrern zusammen entwickelter Basisunterricht (8 Schulstunden) statt, indem das vom Lehrplan vorgeschriebene Thema (Ernährung) unterrichtet wurde. Das Basistraining der Trainingsgruppe enthielt den gleichen Lernstoff, der aber auf 30 Minuten pro Unterrichtsstunde komprimiert werden musste, da in den verbleibenden 15 Minuten die Anregung der Selbstregulation stattfand (in direkter Verknüpfung mit dem Unterrichtsinhalt).

Die Auswahl der Trainingselemente erfolgte unter Berücksichtigung aller Phasen des oben beschriebenen Selbstregulationsmodells von Zimmerman (siehe 3.6.1). Besonderen Wert legten die Autoren dabei auf das Setzen von Zielen, Motivation, Monitoring, volitionale Strategien und Lernstrategien sowie die Ergebnisbewertung. Es ging ihnen also weniger um die Vermittlung konkreter Lernstrategien, als darum, einen großen Anteil des Selbstregulationsprozesses nach Zimmerman mit Trainingselementen abzudecken.

In der zweiten Phase (2 Wochen) wurden in beiden Gruppen fünf identische Schulstunden (über ein den Schülern unbekanntes Thema) ohne eine explizite Einbindung von Selbstregulationselementen durchgeführt, um die Auswirkungen der Selbstregulationsanregung auf eine neue Unterrichtseinheit zu explorieren.

Um Lernerfolge ermitteln zu können, setzten die Autoren vor der ersten Phase einen Prätest ein, der das Ausgangsniveau der Schüler hinsichtlich des ernährungsbezogenen Sachwissens und der Selbstregulation erfasste. Nach der ersten Phase folgte ein Posttest, der einen Selbstregulationsfragebogen und einen lehrzielorientierten Test enthielt. Ein weiterer Posttest wurde nach der zweiten Phase durchgeführt, um das Sachwissen zu ermitteln, dass in der zweiten Phase erworben wurde.

Der Prätest ergab, dass es vor der ersten Phase zwischen Trainings- und Kontrollgruppe keine Unterschiede hinsichtlich des Vorwissens gab. Im ersten Posttest gab es ebenfalls keine Unterschiede hinsichtlich des Wissens über Ernährung, was bestätigt, dass die fachbezogenen Lernergebnisse trotz der durch die Selbstregulationsanregung verkürzten Inhaltsvermittlung nicht schlechter ausfallen.

Die Auswertung des zweiten Posttest ergab, dass die unterrichtsintegrierte Anregung der Selbstregulation eine positive Auswirkung auf den Wissenserwerb in einem neuen Themengebiet hatte, da die Trainingsgruppe bessere Leistungen erzielte als die Kontrollgruppe.

Die Fragebögen zur Selbstregulation enthielten die vier Subskalen Motivation, Lernstrategien, Selbstwirksamkeit und Selbstregulationsstrategien, die zu einer Gesamtskala zusammengefasst wurden. Den Autoren zufolge deuten die Resultate des Prätest-Posttest-Vergleichs insgesamt auf eine positive Wirkung der Unterrichtsintervention hin. Dies führen sie auf den signifikanten Interaktionseffekt auf der Gesamtskala der Trainingsgruppe zurück. Auf der Skala Selbstwirksamkeit konnte ein tendenzieller und auf der Skala Lernstrategien ein signifikanter Interaktionseffekt festgestellt werden, was darauf hinweist, dass in diesen Bereichen ein Aufbau von Selbstregulation angestoßen wurde.

Insgesamt waren die Effekte jedoch kleiner als erwartet. Auf den Skalen Motivation und Selbstregulationsstrategien konnten noch nicht einmal kleine Effekte nachgewiesen werden. Dies könnte den Autoren zufolge an der Kürze der Interventionen liegen. Besonders im Bezug auf die Motivation begründen sie die Ergebnisse damit, dass für substanzielle Motivveränderungen bei Jugendlichen mehr Zeit veranschlagt werden müsse.

3.7.2 Diskussion des Interventionsprogramms

Labuhn et al. kritisieren, dass die Messung des Regulationsverhaltens durch Fragebögen streng genommen nur Informationen über die diesbezügliche Einschätzung der Schüler liefert. Der in den Fragebögen selbst berichtete Einsatz von Lernstrategien und deren tatsächliche Anwendung stehen oft in keinem Zusammenhang miteinander. Dies kann damit zusammenhängen, dass Schüler zwar oft über das nötige Strategiewissen verfügen, jedoch nicht in der Lage sind es in bestimmten Situationen adäquat einzusetzen.

Die Studie gibt Anlass zu einer optimistischen Betrachtung des hier dargestellten Ansatzes. In zukünftigen Studien sollte es daher darum gehen, wie die zur Verfügung stehende Zeit noch effektiver genutzt werden kann. Außerdem geht es darum herauszufinden, welche der von Labuhn et al. genutzten Komponenten sich besonders gut für die Integration in den Unterricht eignet, um noch effektivere Förderprogramme zu konzipieren. Diese sollten nach Friedrich (2002) langfristig angelegt sein. Es ist den Autoren gelungen zu zeigen, dass die in die Unterrichtseinheit integrierten Selbstregulationsanregungen nicht von dem Erwerb des Fachwissens ablenken und das solche Programme somit durchaus für den Regelunterricht geeignet sind. Dies bestätigen auch die Resultate des zweiten Posttests, bei dem ein Vorteil der Trainingsgruppe nachgewiesen werden konnte.

Die Interventionsstudie zeigt, dass es möglich ist, selbstgesteuertes Lernen in den regulären Schulunterricht zu integrieren, dass Lehrer in der Lage sind, konkrete Konzepte umzusetzen und dass positive Effekte hinsichtlich des Fachwissens und der Selbstregulation zu erzielen sind.

3.8 Transactional Strategy Instruction

Transactional Strategy Instruction (TSI) ist ein Programm, bei dem den Schülern gelehrt wird beim Lesen Verständnis zu konstruieren, indem sie die Anwendung von Verständnisstrategien eines guten Lesers nachahmen. Das Ziel des Programms ist es, die Schüler zu selbstregulierter Strategienutzung zu befähigen und das Leseverständnis zu fördern.

Durch die Anwendung von TSI sollen die Schüler schrittweise dazu gebracht werden, Ziele zu setzen und das Lesen zu planen, Hintergrundwissen und Stichwörter aus dem Text zu nutzen um Verständnis zu entwickeln, ihr Verständnis zu überwachen, Probleme zu lösen, die während des Lesens entstehen und Fortschritte zu evaluieren.

Um dies zu erreichen wird Schülern beigebracht, ein Set an Lesestrategien zu nutzen. Zu diesen Strategien gehört Vorhersagen unter Aktivierung des Vorwissens, das Generieren und Stellen von Fragen, Klären, Visualisieren, Hintergrundwissen auf Textinhalte beziehen und Zusammenfassen.

Bei der Vermittlung der Strategien wird Scaffolding angewendet. Das bedeutet, dass der Lehrer die Nutzung der Strategien vormacht, die Schüler beim Lernen der Strategien unterstützt und sich mit zunehmender Kompetenz der Schüler immer mehr zurückzieht und die Schüler den Leseprozess selbst regulieren müssen.

Die Schüler arbeiten in kleinen Gruppen zusammen. Die Strategien dienen dabei der Unterstützung des Dialogs zwischen den Schülern. Die Schüler haben die Aufgabe den Text laut zu lesen, die gelesenen Texte auf ihr Hintergrundwissen zu beziehen, die Texte zusammenzufassen, ihre mentalen Repräsentationen zu beschreiben und vorherzusagen, was im nächsten Abschnitt des Textes passieren könnte.

3.8.1 Förderung des Leseverständnisses durch SAIL

Pressley hat in dem Schuljahr 1991-1992 eine ein Jahr lange, quasi-experimentelle Studie in einer Schule in Maryland durchgeführt, bei der es darum ging, die Effekte von Strategietraining auf die Lesekompetenz von Zweitklässlern zu prüfen.

Das angewandte Programm heißt Strategies for Achieving Independent Learning (SAIL) und baut auf den Grundlagen der Transactional Strategy Instruction (TSI) auf.

Die Trainings- sowie die Kontrollgruppe bestand aus fünf zweiten Klassen. Die Teilnehmer der Trainings- und Kontrollgruppe unterschieden sich am Anfang des Schuljahres nicht wesentlich in ihrem Leseverständnis und ihrem Wortschatz.

Den Schülern der Trainingsgruppe wurde beigebracht, wenige Verständnisstrategien zu nutzen und zu koordinieren, während in der Kontrollgruppe regulärer Unterricht mit kompetenten Fachlehrern durchgeführt wurde. Zu den in der Trainingsgruppe vermittelten Strategien gehörten Vorhersagen, Fragen, Klären, mentale Repräsentation, Zusammenfassen und Problemlösestrategien.

Alle Schüler wurden vor dem Trainingsprogramm im „Lauten Denken" unterrichtet, um während des Trainings ihre beim Lesen auftretenden Gedanken verbalisieren zu können. Die Analyse des lauten Denkens zeigte, dass die Teilnehmer der Trainingsgruppe schon im Frühjahr mehr Strategien anwendeten als die Kontrollgruppe. Zudem waren die Denkprozesse während des Lesens wesentlich strategischer. Die Schüler setzten sich Leseziele, trafen Vorhersagen, prüften ihr Verständnis, verknüpften ihr Hintergrundwissen mit dem Textinhalt, erstellten Zusammenfassungen, konzipierten Fragen, nutzten Visualisierungen und bildhafte Vorstellungen um Klarheit zu schaffen und gingen im Text zurück, wenn es Unklarheiten gab.

Zu Beginn und am Ende des Schuljahres wurde das Strategiewissen der Schüler ermittelt. Dafür wurden den Schülern in einem Interview folgende Fragen gestellt:

> Was machen gute Leser, wenn sie lesen?
> Was machst du bevor du eine Geschichte liest?
> Worüber denkst du nach, bevor du eine Geschichte liest?
> Was machst du wenn du ein Wort nicht verstehst?
> Was machst du wenn du etwas liest, was keinen Sinn ergibt?

Die Antworten auf diese Fragen waren vor der Studie bei beiden Gruppen sehr ähnlich. Am Ende des Schuljahres nannten die Teilnehmer der Trainingsgruppe wesentlich mehr Strategien. Außerdem waren die Teilnehmer der Trainingsgruppe am Ende in der Lage, die verschiedenen Strategien zu benennen, korrekt zu beschreiben und auf die Fragen in dem Interview zu beziehen. Weiterhin erkannten sie die Nützlichkeit der Strategien und konnten entscheiden, wann und wo die einzelnen Strategien sinnvoll anzuwenden sind. Sie besaßen also bereits nach einem Jahr einen erheblichen Teil des Wissens, das einen selbstregulierten Leser ausmacht.

Zusammenfassend ergab die Studie, dass die Trainingsgruppe ihr Wissen über Strategien und die selbstregulatorische Nutzung der Strategien verbessert hat und dass dadurch die Leseleistung im Vergleich zu den Teilnehmern der Kontrollgruppe wesentlich höher war. Auch das Leseverständnis besonders leseschwacher Schüler konnte durch das Strategietraining deutlich verbessert werden.

Durch einen Follow-up-Test konnte Pressley zeigen, dass die Teilnehmer der Trainingsgruppe die gelernten Strategien auch noch sechs bis neun Monate nach dem Training anwendeten und somit die Leseleistung dauerhaft verbessert wurde.

3.9 Mögliche Probleme bei der Umsetzung in der Schule

In der Praxis kommt selbstgesteuertes Lernen nur selten in Reinform vor. Betrachtet man die Struktur der Regelschulen, ist unschwer zu erkennen, dass die ganze Organisation auf die Fremdsteuerung des Lernens ausgerichtet ist. Das Lernen geschieht in vorgeschriebenen Zeitabschnitten (Schulstunden), die Inhalte sind vom Lehrplan vorgeschrieben und vom Lehrer methodisch aufgearbeitet und die Schüler werden of nur als Konsumenten des zu vermittelnden Sachwissens angesehen.

Selbstgesteuertes Lernen kann jedoch nur gelernt und angewendet werden, wenn den Lernenden Freiräume in der Lernumwelt gewährleistet werden. Sind die Lernprozesse von außen reglementiert und stark vorstrukturiert, können die Lernenden die Fähigkeit, selbständig zu lernen, nicht entwickeln (vgl. Konrad et al., 2001). Der herkömmliche Schulunterricht müsste dementsprechend den Anforderungen angepasst werden und einen höheren Grad an Offenheit und Selbstbestimmung der Schüler ermöglichen.

Hinzu kommt, dass die Lehrer in der Regel nicht über ausreichende Kenntnisse und Kompetenzen im Bereich Lernstrategien und selbstgesteuertes Lernen verfügen, um den Unterricht so zu gestalten, dass die Selbststeuerung der Schüler gefördert wird.

Weiterhin verändert die Forderung nach Lernarrangements mit höherer Selbststeuerung das Rollenverständnis der Lehrenden, die vom Wissensvermittler zum Berater werden. Gerade routinierte Lehrer, die sich als Wissensvermittler sehen und ihren Unterricht hauptsächlich frontal gestalten, sind mit dieser Forderung meist überfordert. Um das selbstgesteuerte Lernen im Unterricht nachhaltig umzusetzen, müsste sowohl die Ausbildung als auch das Weiterbildungsangebot von Lehrkräften überdacht und verändert werden.

In manchen Fächern ist es schwierig, die Schüler selbstgesteuert lernen zu lassen. Außerdem hängt die Qualität des entdeckenlassenden oder situierten Unterrichts in einem starken Maße von der Motivation, den Einstellungen und den Kompetenzen der Schüler ab. Selbstgesteuertes Lernen ist vor allem dann effektiv, wenn die Schüler Interesse am Lernen haben und motiviert sind, was im Schulalltag oft nicht der Fall ist. Weiter ist darauf hinzuweisen, dass die Gefahr besteht, dass Schüler bei diesen Lernformen überfordert werden, die Selbststeuerung des Lernens abgebrochen wird und Frustrationen auf der Seite der Schüler und der Lehrer entstehen (vgl. Friedrich, 2002).

Man kann außerdem von einer paradoxen Schulwirklichkeit sprechen (vgl. Deitering, 2003), da der Lehrer die Schüler auf der einen Seite dazu befähigen soll, selbstgesteuert zu lernen und auf der anderen Seite die Selbststeuerung eingrenzen muss, da die Lehrpläne vorschreiben, was die Schüler lernen müssen. Zudem soll der Lehrer die Schüler zu Selbstständigkeit erziehen, ist aber gezwungen zu disziplinieren, er soll die Schüler fördern und muss zugleich „auslesen".

In der Literatur wird auch von einem Paradoxieproblem (vgl. Greif & Kurtz, 1998) gesprochen, das sich durch folgende Schülerfrage treffend darstellen lässt: „Müssen wir heute wieder so lernen wie wir selber wollen oder dürfen wir das tun, was Sie von uns verlangen?"

3.10 Zusammenfassung

Es gibt keine einheitliche, allgemein akzeptierte Definition des selbstgesteuerten Lernens. Die meisten Definitionsansätze haben jedoch gemeinsam, dass der lernende Mensch im Mittelpunkt steht und dass er Initiator und Organisator seines eigenen Lernprozesses ist (vgl. Deitering, 2001).

Selbstgesteuertes Lernen kann nach Deitering (2001) folgendermaßen definiert werden: „Selbstgesteuertes Lernen ist eine Idealvorstellung, die verstärkte Selbstbestimmung hinsichtlich der Lernziele, der Zeit, des Ortes, der Lerninhalte, der Lernmethoden und Lernpartner sowie vermehrter Selbstbewertung des Lernerfolgs beinhaltet" (S. 18).

Selbstgesteuertes Lernen wird nach Brunstein und Spörer (2006) durch kognitive, metakognitive und motivationale Komponenten charakterisiert. Im Rahmen der kognitiven Verarbeitung findet das eigentliche Lernen statt. Kognitive Lernstrategien dienen dabei der Auswahl und Aufnahme von Informationen, dem Abspeichern, der Elaboration, der Organisation, der Wiederholung und dem Abruf des Lernstoffs. Metakognitive Strategien dienen der Planung, Überwachung, Bewertung und der darauf basierenden Regulation des eigenen Lernprozesses. Ob die kognitiven und metakognitiven Strategien in einer konkreten Situation aktiviert werden, hängt von der Motivation des Lernenden ab.

Selbstgesteuerte Lerner zeichnen sich dadurch aus, dass sie sich anspruchsvolle Lernziele setzen, über ein großes Repertoire an Methoden und

Strategien verfügen, die Effektivität ihres Lernprozesses überprüfen und ihre Ressourcen optimal gestalten.

Weinert betont die Bedeutung selbstgesteuerten Lernens für den Unterricht indem er selbstgesteuertes Lernen als Voraussetzung, das Mittel und das Ziel des Unterrichts beschreibt (vgl. Artelt, 2000) und verdeutlicht damit die Notwendigkeit selbstgesteuerte Lernformen in den Unterricht zu integrieren.

Es gibt eine Vielzahl von Methoden die geeignet sind selbstgesteuertes Lernen im Schulunterricht umzusetzen und zu fördern. Grundlegend für alle Methoden ist, dass den Lernenden die erforderlichen kognitiven und motivationalen Komponenten (interne Bedingungen) direkt vermittelt werden und/oder die Lernumwelten (externe Bedingungen) so zu gestalten, dass den Schülern Chancen und Möglichkeiten zum selbstgesteuerten Lernen eröffnet werden.

Das größte Problem bei der Umsetzung besteht darin, dass der Unterricht in deutschen Schulen auf Fremdsteuerung des Lernens ausgerichtet ist und die Lehrenden mit den neuen Anforderungen an das schulische Lernen oft überfordert sind.

4. Kooperatives Lernen

4.1 Definition

Kooperatives Lernen ist nach Slavin (1989) „eine Form der Organisation des Klassenzimmers, bei der Schüler in kleineren Gruppen arbeiten, um sich beim Lernen des Stoffs gegenseitig zu helfen" (S. 129). Es führt jedoch nicht jede Organisation des Klassenzimmers, in der Schüler in Kleingruppen arbeiten, automatisch zu kooperativem Lernen. Es muss hier deutlich zwischen einem Arbeiten in Gruppen und kooperativem Lernen unterschieden werden.

Nach Konrad und Traub (2001) „bezeichnet kooperatives Lernen eine Interaktionsform, bei der die beteiligten Personen gemeinsam und in wechselseitigem Austausch Kenntnisse und Fertigkeiten erwerben. Im Idealfall sind alle Gruppenmitglieder gleichberechtigt am Lerngeschehen beteiligt und tragen gemeinsam Verantwortung" (S. 21).

Um kooperatives Lernen zu initiieren, muss eine positive Interdependenz zwischen den Gruppenmitgliedern geschaffen werden. Durch sie erleben sich die Gruppenmitglieder als eine Gemeinschaft, die durch ein gemeinsames Ziel verbunden ist, welches nur durch eine effektive Zusammenarbeit aller Gruppenmitglieder erreicht werden kann.

Ein weiteres wichtiges Kriterium ist die Zusammensetzung der Gruppen. Kooperative Lerngruppen sollten möglichst nach Fähigkeit, Leistung, Geschlecht und Minoritätenstatus heterogen zusammengesetzt sein. Die Anzahl der Gruppenmitglieder sollte zwischen zwei und sechs Personen liegen. Die Bezeichnung „kooperatives Lernen" wird allerdings meist für klasseninterne Organisationsformen mit vier bis sechs Mitgliedern pro Gruppe verwendet (vgl. Sharan, 1994). Nach Neber (2006) ist zudem vor allem im Primarbereich wichtig, dass mindestens ein Gruppenmitglied zu tutoriellem Verhalten fähig ist, um anderen etwas erklären zu können und den eigenen Lernprozess sowie den Lernerfolg der Gruppe zu überwachen.

Nach Konrad und Traub (2001) ist kooperatives Lernen nur dann die ideale Lernform, wenn über den Wissenserwerb hinaus auch soziale Kompetenzen erreicht werden sollen. Sie stellen fest, dass dem kooperativen Lernen in der Schule keine Monopolstellung zugeschrieben werden soll, sondern eine auf die jeweilige Klasse abgestimmte Mischform aus kooperativen, individuellen und lehrergesteuerten Lernformen angebracht ist.

Nach Johnson und Johnson bedeutet kooperatives Arbeiten,
➢ dass sich jedes Gruppenmitglied für den gemeinsamen Erfolg anstrengt, sodass die Gruppe von der Leistung jedes Einzelnen profitiert,
➢ dass die Schüler erkennen, dass alle Gruppenmitglieder ein gemeinsames Schicksal teilen,

➢ dass der Erfolg des Einzelnen von seiner Leistung und der seiner Mitschüler abhängt und
➢ dass alle stolz sein können, wenn ein Gruppenmitglied einen Erfolg erzielt.
(Johnson et. al., 2002)

4.2 Die drei Arten des kooperativen Lernens

Johnson und Johnson (2005) unterscheiden drei verschiedene Arten kooperativen Lernens.

Formelles kooperatives Lernen bedeutet, dass die Schüler eine Unterrichtsstunde oder mehrere Wochen lang zusammenarbeiten und dabei die gleichen Lernziele, Aufgaben und Anforderungen haben. Das formelle kooperative Lernen ist dadurch gekennzeichnet, dass der Lehrer alle vorbereitenden Entscheidungen, wie Gruppengröße, Rollenverteilungen und Materialauswahl, ohne die Einbindung der Schüler trifft. Der Lehrer definiert die Aufgabe, vermittelt notwendige Konzepte, schafft positive Interdependenz, erklärt die Bewertungskriterien und stellt die erwarteten sozialen Kompetenzen dar. Außerdem analysiert er die Arbeitsweise der Gruppe, hilft bei Problemen, unterstützt das kooperative Verhalten, bewertet die Leistung sorgfältig und beurteilt die Schüler. In den Gruppen wird abschließend besprochen, was im Bezug auf die Zusammenarbeit noch besser gemacht werden kann (vgl. Johnson et al., 2005).

Informelles kooperatives Lernen unterscheidet sich im Wesentlichen durch die Dauer und die Zusammensetzung der Gruppe vom formellen kooperativen Lernen. Die Schüler arbeiten nur einige Minuten lang in spontan geformten Gruppen zusammen, um ein gemeinsames Lernziel zu erreichen.

Das informelle kooperative Lernen wird während eines Lehrervortrags oder der Vorführung von Filmen/Filmausschnitten genutzt, um die Aufmerksamkeit auf den Lernstoff zu lenken und eine konzentrierte Arbeitsatmosphäre zu schaffen. Es kann also z.B. genutzt werden, um das Gelernte zusammenzufassen, die nächste Stunde vorzubereiten, oder eine Unterrichtseinheit abzuschließen (vgl. Johnson et al., 2005). Informelle kooperative Lerngruppen dienen zudem der Auflockerung des lehrerzentrierten Frontalunterrichts. Dabei ist es nach Johnson (Johnson et al., 2005) wichtig, dass die Aufgabenstellungen und Anweisungen klar und präzise sind und dass die Lerngruppe etwas Konkretes produzieren muss.

„**Kooperative Langzeitteams** [Hervorhebung des Vf.] sind auf lange Sicht gebildete, heterogene Lerngruppen mit einer festen Zusammensetzung" (Johnson et al., 2005, S. 23).

Die Mitglieder eines Langzeitteams bleiben mindestens ein halbes Jahr, bis zu mehreren Schuljahren zusammen. Durch eine solche Zusammensetzung wird ermöglicht, dass die Schüler verantwortungsvolle Beziehungen zueinander aufbauen, durch die die Bereitschaft sich in der Schule anzustrengen, erhöht wird. Weiterhin führt die Bildung von Langzeitteams zu verringertem Schulschwänzen, einem persönlicheren Schulklima und einer Verbesserung der Qualität und Quantität des Lernens. Langzeitgruppen können zum einen auf Klassen- oder Kursebene und zum anderen auf Schulebene gebildet werden. Langzeitgruppen auf Schulebene sollten sich möglichst zwischen zweimal pro Tag bis zweimal pro Woche treffen und mindestens über ein ganzes Schuljahr bestehen.

Nach Johnson et al. (2005) ist der kooperative Unterricht am effektivsten, wenn alle drei Arten des kooperativen Lernens kombiniert werden.

4.3 Grundelemente kooperativen Lernens

Um die positiven Effekte des kooperativen Lernens zu erzielen und eine gute Zusammenarbeit der Schüler zu fördern, ist es wichtig, dass Lehrer die fünf Grundelemente des kooperativen Lernens in jede Stunde einbauen. Sie sind die Voraussetzung dafür, dass es zu einer effektiven Gruppenarbeit kommt und die Schüler nicht nur in Gruppen zusammensitzen, jedoch individualistisch arbeiten.

In herkömmlichen Gruppenarbeiten treten nach Neber (2006) oft verschiedene Effekte auf, die durch die kooperativen Grundelemente verhindert werden sollen. Diese Effekte sind der free-rider Effekt, der sucker-Effekt, der statusabhängige Effekt und der ganging up Effekt. Von dem free-rider Effekt spricht man, wenn die schwächeren Schüler einer Gruppe die leistungsstärkeren Schüler die Arbeit verrichten lassen. Diese Schüler werden auch als Trittbrettfahrer bezeichnet. Der sucker Effekt tritt auf, wenn sich die leistungsstärkeren Gruppenmitglieder ausgebeutet fühlen und auf Grund dessen ihre Anstrengungs- und Leistungsbereitschaft reduzieren. Der statusabhängige Effekt reduziert die lernbezogene Interaktion statusniedriger Gruppenmitglieder. Der ganging up Effekt kann zur Folge haben, dass sich die Gruppenmitglieder (zum Teil) unbewusst mit Lösungen zufrieden geben, die mit einem sehr geringen Anstrengungsgrad verbunden sind.

Im Folgenden werden die Grundelemente, die diese Effekte verhindern können, dargestellt und näher erläutert.

4.3.1 Positive Interdependenz

Positive Interdependenz ist der Kern kooperativen Lernens und somit das wichtigste aller Grundelemente (vgl. Johnson et al., 2002). Positive Interdependenz bedeutet, dass die Gruppenmitglieder positiv voneinander abhängig sind, d.h., dass sie das vorgegebene Ziel nur gemeinsam erreichen können.

Es ist essentiell, dass die Gruppenmitglieder diese positive Abhängigkeit erkennen und verstehen, dass der persönliche Erfolg nicht ohne den Erfolg der Gruppe möglich ist. Positive Interdependenz zwischen den Gruppenmitgliedern soll dazu führen, dass alle den vorgegebenen Stoff lernen und sicherstellen, dass jeder aus der Gruppe den Stoff verstanden hat. Wenn positive Interdependenz richtig verstanden wird, ist allen Gruppenmitgliedern bewusst, dass die Leistung jedes Einzelnen für den Gruppenerfolg ausschlaggebend ist.

Nach Johnson und Johnson (2005) schafft man positive Interdependenz in drei Schritten.

Der erste Schritt besteht darin, ein klares, messbares Ziel vorzugeben und den einzelnen Gruppenmitgliedern zu vermitteln, was von ihnen erwartet wird.

Der zweite Schritt besteht darin, dass den Gruppenmitgliedern bewusst gemacht wird, dass sie ihre Ziele nur erreichen, wenn alle anderen Gruppenmitglieder ihre auch erreichen. Positive Interdependenz durch gemeinsame Ziele kann man z.B. erreichen, wenn man den Schülern vorgibt, dass sich alle Gruppenmitglieder im Vergleich zu früheren Tests verbessern müssen, oder dass jeder in einem individuellen Test eine bestimmte Punktzahl erreichen muss. Man spricht dabei von der Schaffung positiver Interdependenz durch eine kooperative Anreizstruktur.

Im dritten Schritt wird die positive Interdependenz, die durch ein gemeinsames Ziel geschaffen wurde, durch andere Arten positiver Interdependenz ergänzt. Dazu gehört z.B. positive Interdependenz durch Belohnung zu schaffen. Dabei wird die positive Interdependenz, die durch die kooperative Anreizstruktur geschaffen wurde, durch das in Aussichtstellen einer Belohnung verstärkt.

Eine weitere Möglichkeit positive Interdependenz zu schaffen, ist die Gestaltung einer kooperativen Aufgabenstruktur. Dabei ist die Aufgabe so zu konzipieren, dass sie nur durch koordinierte Zusammenarbeit bewältigt werden kann. Ohne eine kooperative Aufgabenstruktur besteht die Gefahr, dass die Lernenden abwechselnd interagieren oder die Aufgabe in relativ unabhängige Teile aufgliedern können (vgl. Konrad et al. 2001).

Man unterscheidet zwei Varianten der kooperativen Aufgabenstruktur. Die erste Variante schafft positive Interdependenz durch die Einschränkung des Materials. Das bedeutet, dass für jede Gruppe nur eine bestimmte Anzahl an Arbeitsunterlagen, wie Texte, usw. vorhanden ist und die Schüler dadurch miteinander kooperieren müssen.

Die zweite Variante schafft positive Interdependenz durch eine besondere Verteilung der Informationen innerhalb der Gruppe. Jedes Gruppenmitglied erhält einen bestimmten Teil der Informationen, Materialien oder Ressourcen und kann sich auf diesen spezialisieren. Anschließend müssen die Schüler alle Ressourcen miteinander kombinieren bzw. dafür sorgen, dass jedes Gruppenmitglied am Ende der Gruppenarbeit alles verstanden hat.

Durch das Verteilen unterschiedlicher Rollen innerhalb der Gruppe kann zusätzliche positive Interdependenz geschaffen werden. Jede Rolle muss dabei mit einem bestimmten Aufgabenbereich verbunden sein, der für das Erreichen des Ziels unabdingbar ist. Durch die Rollenzuteilung weiß jeder Schüler, welche Aufgaben erledigt werden müssen, um erfolgreich zu sein und was er von seinen Gruppenmitgliedern zu erwarten hat.

Durch das Aufbauen einer gemeinsamen Identität kann zusätzliche positive Interdependenz geschaffen werden. Eine gemeinsame Identität kann man z.b. schaffen, indem man die Gruppe gemeinsam einen Namen, ein Motto, ein Gruppensymbol, einen Schlachtruf oder Ähnliches entwickeln lässt.

Eine weitere Möglichkeit positive Interdependenz zu schaffen, ist der Einsatz von Intergruppenvergleichen. Die Gruppen stehen dabei im Wettbewerb miteinander, wodurch die Motivation der Schüler in der Regel erhöht wird.

Interdependenz kann auch durch die Umgebung geschaffen werden. Ausschlaggebend ist dabei, dass die Gruppenmitglieder durch eine bestimmte Umgebung miteinander verbunden sind. Dies ist z.B. der Fall, wenn sie sich zum Arbeiten immer an einen bestimmten Ort begeben müssen.

Nach Johnson et al. (2005) konzentriert sich positive Interdependenz entweder auf ein gemeinsames Ergebnis oder auf die gemeinsamen Anstrengungen, die nötig sind, um das Gruppenziel zu erreichen. Positive Interdependenz durch ein gemeinsames Ziel oder durch eine besondere Würdigung der Ergebnisse bewirkt nach Johnson et al. (2005), dass alle Gruppenmitglieder danach streben Erfolg zu haben, die Arbeit langfristig betrachten und eine gemeinsame Identität teilen.

Johnson et al. (2005) stellen Forschungsergebnisse dar, die zeigen, dass sich Interdependenz durch ein gemeinsames Ziel und durch Belohnung einander ergänzen. „Während positive Interdependenz durch ein gemeinsames Ziel ausreicht, um die Leistungen und die Produktivität zu steigern, ist die Wirkung beider Arten von Interdependenz zusammen um ein Vielfaches stärker" (S. 115).

Wird die positive Interdependenz allein durch die Ressourcen geschaffen, können sich im Vergleich zum individuellen Arbeiten die Leistungen und die Produktivität mindern. Besonders wirksam ist die Kombination von der Schaffung positiver Interdependenz durch eine kooperative Aufgaben- und Anreizstruktur (vgl. Johnson et al., 2005).

Zusammenfassend zeigen die Forschungsergebnisse von Johnson et al. (2005), „dass positive Interdependenz den Rahmen schafft, in dem unterstützende Interaktion möglich ist. Gruppenmitgliedschaft und zwischenmenschliche Interaktion bringen keine besseren Resultate, wenn keine deutlich wahrnehmbare positive Interdependenz besteht" (S. 116).

4.3.2 Eigen- und Gruppenverantwortlichkeit

Eigen- und Gruppenverantwortlichkeit müssen in jeden kooperativen Unterricht integriert werden. Gruppenverantwortlichkeit bedeutet, dass die Gruppe dafür verantwortlich ist, dass ihre Ziele erreicht werden. Individuelle Verantwortlichkeit bedeutet, dass jedes Gruppenmitglied dafür verantwortlich ist, einen bestimmten Teil der Arbeit zu erledigen. Entscheidend dabei ist, dass sich alle Mitglieder dafür verantwortlich fühlen, ihren Anteil der Arbeit zu erledigen.

Eine kooperative Lerngruppe teilt sich die Verantwortung für den Erfolg der Gruppe. Jedes Mitglied übernimmt dabei die Verantwortung für den Teil, für den es zuständig ist. „Die geteilte Verantwortung trägt auch dazu bei, dass sich die Gruppenmitglieder persönlich füreinander verantwortlich fühlen" (Johnson et al., 2005, S. 117).

Gruppenverantwortlichkeit kann dadurch erzeugt werden, dass die Gruppenleistung bewertet und den Gruppenmitgliedern das Ergebnis rückgemeldet wird, damit sie es mit einem bestimmten Leistungsstandard vergleichen können.

Eigenverantwortlichkeit wird erzeugt, wenn die Leistung jedes einzelnen Gruppenmitglieds bewertet und das Ergebnis der Gruppe mitgeteilt wird. Die Gruppe kann jedes individuelle Ergebnis mit einem bestimmten Leistungsstandard vergleichen und jedes Gruppenmitglied dafür verantwortlich machen, seinen Teil zum Erfolg der Gruppe beizutragen.

Die Rückmeldung des Lehrers hilft den Gruppen dabei Lernleistungen und Beiträge zu würdigen, falls notwendig Hilfe und Unterstützung anzubieten und Aufgaben sinnvoll neu zu verteilen.

Nach Johnson und Johnson (2005) hat Eigenverantwortlichkeit die Schlüsselfunktion sicherzustellen, dass alle Gruppenmitglieder durch das kooperative Lernen gestärkt werden. Eigenverantwortlichkeit ist in kooperativen Lernprozessen von großer Bedeutung, weil die Schüler sich meist auf Situationen vorbereiten, in denen sie das Wissen, das sie in der Gruppe erworben haben, alleine abrufen müssen.

Um Eigenverantwortlichkeit der einzelnen Gruppenmitglieder zu erreichen, muss die Gruppe klein gehalten werden und jeder Schüler muss im Anschluss an die Gruppenarbeit einen individuellen Test erledigen. Der Lehrer könnte unter anderem gelegentlich mündliche Prüfungen durchführen, um den Schülern bewusst zu machen, dass sie eigenverantwortlich arbeiten müssen. Er könnte die Gruppe beobachten und aufzeichnen, wie oft sich die einzelnen Schüler an der Gruppenarbeit beteiligen, in jeder Gruppe einen Schüler zum Verständnisprüfer ernennen, oder die Schüler dazu auffordern, das Gelernte jemand anderem beizubringen.

Johnson et al. (2005) schildern, dass positive Interdependenz und Eigenverantwortlichkeit miteinander in Verbindung stehen und dass den Gruppenmitgliedern die Interdependenz stärker erscheint, wenn man die Eigenverantwortlichkeit steigert.

4.3.3 Unterstützende Interaktion

Der Begriff der unterstützenden Interaktion bezieht sich auf die Interaktion zwischen den Gruppenmitgliedern. Oft findet man in der Literatur auch Begriffe wie direkte Interaktion oder face-to-face Interaktion. Der Grundgedanke dieses Elements ist, dass die Schüler sich räumlich nahe sind, um überhaupt miteinander in Kontakt treten zu können. Von unterstützender Interaktion spricht man, wenn die einzelnen Gruppenmitglieder sich gegenseitig ermutigen und beim Lösen von Aufgaben helfen, um die Ziele der Gruppe gemeinsam zu erreichen. Dazu gehört das Austauschen von Informationen und Ressourcen, Feedback der Gruppenmitglieder und das wechselwirkende Anleiten und Ermutigen, wodurch für jeden Schüler eine schulische und persönliche Unterstützung aufgebaut wird.

Als Lehrer ist es wichtig, darauf zu achten, dass die Schüler tatsächlich zusammenarbeiten und sich beim Lösen von Aufgaben unterstützen.

Nach Johnson et al. (2005) sollte man drei Schritte befolgen, um unterstützende Interaktion zwischen den Gruppenmitgliedern zu fördern.

Im ersten Schritt geht es darum, den Gruppen genügend Zeit für Gruppentreffen zur Verfügung zu stellen, um ihnen die Möglichkeit zu eröffnen heranzuwachsen und zu reifen.

Im zweiten Schritt muss die positive Interdependenz verdeutlicht werden. Den Schülern muss klar werden, dass sie das Gruppenziel nur erreichen, wenn alle Gruppenmitglieder zusammenarbeiten.

Der dritte Schritt besteht darin, durch gezielte Maßnahmen während der Gruppenarbeit unterstützende Interaktion zwischen den Gruppenmitgliedern zu fördern. Der Lehrer kann z.B. gewünschtes Verhalten verstärken oder Unerwünschtes kritisieren.

4.3.4 Erwerb sozialer Fertigkeiten

Im Gegensatz zu anderen Unterrichtsformen müssen sich die Schüler während des kooperativen Lernens nicht nur mit dem Lernstoff, sondern zusätzlich mit den anderen Gruppenmitgliedern auseinandersetzen. Deshalb sind für einen effektiven kooperativen Unterricht die sozialen Kompetenzen der Schüler von großer Bedeutung. Diese können jedoch nicht einfach vorausgesetzt werden, sondern müssen mit den Schülern erarbeitet und eingeübt werden.

Johnson et al. (2005) verdeutlichen die Relevanz sozialer Fertigkeiten folgendermaßen: „Das ganze Feld der Gruppendynamik basiert auf der Prä-

misse, dass soziale Fertigkeiten der Schlüssel zur Gruppenproduktivität sind" (S. 119).
Das Ziel des Erwerbs sozialer Fertigkeiten ist deshalb zum einen, dass die Schüler in der Lage sind angemessen miteinander zu kommunizieren und zum anderen effektiv zusammenzuarbeiten.
Die Leistung der Gruppe korreliert mit dem Niveau der sozialen Kompetenz der Gruppenmitglieder. Je mehr soziale Kompetenz die Schüler besitzen, desto bessere Leistungen werden durch die Gruppe erzielt.
Johnson et al. (2005) fanden heraus: „Je mehr soziale Fertigkeiten die Schüler beherrschen, je mehr Wert die Lehrer aufs Unterrichten sozialer Fertigkeiten legen und je mehr individuelles Feedback die Schüler über ihren Einsatz sozialer Fertigkeiten erhalten, desto höher die Leistungen, die man in einer kooperativen Gruppe erwarten kann" (S. 119). Weiterhin konnten sie feststellen, dass die Beziehung zwischen den Schülern durch ein hohes Maß an sozialen Fertigkeiten positiv beeinflusst wird.

4.3.5 Evaluation

Nach Konrad und Traub (2001) ist kooperatives Lernen vor allem dann effektiv, wenn neben den Lernergebnissen auch die Lernprozesse und das Lernverhalten durch die Gruppe reflektiert werden. Die Gruppenmitglieder müssen gemeinsam evaluieren, welche Verhaltensweisen und Aktivitäten störend waren und welche beibehalten werden müssen, damit die Gruppe dauerhaft erfolgreich ist und die sozialen Fertigkeiten jedes Einzelnen gefördert werden. „Der Zweck der Gruppenbewertung ist es, die Effizienz der Gruppenmitglieder beim gemeinsamen Streben nach Erfolg zu bewerten und zu verbessern" (Johnson et al., 2005, S. 120).
Durch die Gruppenbewertung werden den Gruppenmitgliedern gute Arbeitsbeziehungen sowie eine Würdigung der Gruppenleistung und positiver Verhaltensweisen ermöglicht, das Lernen kooperativer Fähigkeiten wird gefördert und das metakognitive und kognitive Denken wird gefördert.
Die Evaluation, bzw. Gruppenbewertung kann entweder im Rahmen der Kleingruppe oder gemeinsam mit der ganzen Klasse durchgeführt werden.
Nach Johnson et al. (2005) sollte man beim Gestalten der Gruppenbewertung in fünf Schritten vorgehen.
Der erste Schritt besteht darin, dass der Lehrer während der Gruppenarbeitsphase in jeder Gruppe die Qualität der Interaktion zwischen den Gruppenmitgliedern beobachtet und bewertet. Zusätzlich könnte der Lehrer in jeder Gruppe einen Schüler als Beobachter einsetzen, oder die Schüler am Ende der Stunde, mithilfe einer Checkliste, die Interaktion und die Zusammenarbeit selbst einschätzen lassen.
Der zweite Schritt beinhaltet, dass der Lehrer (und der Beobachter) am Ende der Stunde jeder Lerngruppe und ihren Mitgliedern ein möglichst ge-

naues Feedback gibt. Anhand des Feedbacks soll entschieden werden, welche Verhaltensweisen beibehalten werden.

Der dritte Schritt besteht darin, dass die Gruppen sich Ziele setzen, wie sie ihre Produktivität verbessern können. Es sollen Optimierungsvorschläge gemacht werden, von denen die Gruppe gemeinsam diejenigen bestimmt, die berücksichtigt werden.

Im vierten Schritt werden die Gruppen im Klassenverband bewertet. Der Lehrer teilt vor der ganzen Klasse seine Beobachtungen und Ergebnisse mit, welche anschließend im Klassenrahmen diskutiert werden sollen.

Der fünfte Schritt besteht darin, dass innerhalb jeder Gruppe und im Klassenrahmen die Ergebnisse der Gruppenarbeit gewürdigt werden. Durch die Anerkennung und den Respekt wird Interesse am Lernen und Freude an der Arbeit in kooperativen Gruppen geschaffen.

4.4 Die verschiedenen Gruppenformen

Hier soll es zum einen darum gehen darzustellen, dass nicht jede Gruppe automatisch eine kooperative Lerngruppe ist und zum anderen darum, zu verdeutlichen, dass kooperatives Lernen nicht allein dadurch bewirkt wird, dass mehrere Personen zusammensitzen und eine Aufgabe erledigen.

Johnson et al. (2005) unterscheiden vier Gruppentypen. Die **„Pseudogruppe"** setzt sich aus Personen zusammen, die keinerlei Interesse daran haben, in einer Gruppe zu lernen, mit anderen zusammenzuarbeiten und einander zu helfen, um erfolgreich zu lernen. In solchen Gruppen kommt es oft dazu, dass sich die Mitglieder stören, keine Kommunikation entsteht, die Arbeit kaum koordiniert und die Arbeitszeit nicht sinnvoll genutzt wird. Das Potenzial der Gruppenmitglieder bleibt ungenutzt und die Gruppe reift nicht heran, da das Interesse der Mitglieder fehlt.

Eine weitere Form ist die **traditionelle Unterrichtsgruppe**. Die Mitglieder traditioneller Unterrichtsgruppen finden sich zwar damit ab, dass sie zusammenarbeiten müssen, sehen aber keinen Sinn darin. Durch die Aufgabenstellung ist wenig oder kein gemeinsames Arbeiten notwendig und positive Interdependenz kann nicht entstehen. Die Interaktion der Gruppenmitglieder beschränkt sich darauf, die Aufgabenstellung zu klären und Informationsmaterial zu teilen. Danach arbeitet jeder für sich. In dieser Gruppenform wird jeder Schüler einzeln bewertet, wodurch eine Gruppenverantwortung von Beginn an ausgeschlossen wird und soziale Kompetenzen in den Hintergrund rücken (vgl. Johnson et al., 2005).

„Eine **kooperative Lerngruppe** ist eine Gruppe, deren Mitglieder sich dem gemeinsamen Ziel verpflichtet fühlen, die Lernleistung jedes Gruppenmitglieds zu optimieren. Eine solche Gruppe erzielt bessere Erfolge als die einzelnen Mitglieder" (Johnson et al., 2005, S. 107).

Durch das gemeinsame Ziel übernehmen die Mitglieder die Verantwortung für die eigene Leistung, die der Mitschüler und die der gesamten Gruppe. Dadurch kommt es zu gegenseitiger Unterstützung und Hilfen sowohl auf schulischer als auch auf persönlicher Ebene, wodurch die sozialen Fertigkeiten der Schüler verbessert werden. Durch die gemeinsame Evaluation der Gruppenarbeit wird die Qualität des Lernens und der Gruppenprozesse stetig verbessert (vgl. Johnson et al., 2005).

Die letzte Gruppenform ist die **kooperative „Hochleistungsgruppe"**. Diese Gruppenform erfüllt alle Kriterien einer kooperativen Lerngruppe und übertrifft sogar die an sie gestellten Erwartungen. In kooperativen Hochleistungsgruppen ist die soziale Beziehung zwischen den Gruppenmitgliedern so gut, dass in den meisten Fällen schon von Freundschaft gesprochen werden kann. Ein weiteres Merkmal dieser Gruppenform ist, dass die Mitglieder weit über die eigenen Erwartungen hinausgehen und an der Gruppenarbeit Spaß haben.

4.5 Voraussetzungen für kooperatives Lernen

Eine wichtige Voraussetzung ist, dass der Lehrer die grundlegenden Kenntnisse über kooperatives Lernen besitzt. Nur wenn der Lehrer weiß, wie er kooperatives Lernen gestalten, anleiten, anregen und somit positiv für den Unterricht nutzen kann, macht die Anwendung Sinn.

Die Gestaltung des Klassenraums ist eine weitere wichtige Voraussetzung für das kooperative Lernen. Die Schüler müssen in Kleingruppen arbeiten können, müssen die Möglichkeit haben sich Informationen zu beschaffen und in einer möglichst ruhigen Arbeitsatmosphäre ungestört arbeiten können.

Kooperatives Lernen setzt kognitive und soziale Fertigkeiten sowie die Motivation jedes einzelnen Gruppenmitglieds voraus. Die Schüler müssen in der Lage sein mit anderen zusammenzuarbeiten. Dazu gehört anderen zuzuhören, sachangemessene Fragen zu stellen, Anerkennungen auszusprechen, Konflikte konstruktiv zu lösen usw. Außerdem müssen sie über ein bestimmtes Maß an Vorwissen und fachlichen Fähigkeiten verfügen und Interesse am Lernstoff sowie der Arbeit in Gruppen haben.

Hinzu kommt, dass individuelle Kompetenzen wie kognitive Fähigkeiten, Vorwissen und metakognitives Wissen sowie individuelle Verantwortlichkeit zum kooperativen Lernen dazugehören (vgl. Konrad et al., 2001). Ohne sie fällt es den Gruppenmitgliedern schwerer, Probleme zu klären, den Arbeitsaufwand zu minimieren und Stress zu vermeiden.

Die Zeit, die die Gruppe zur Verfügung hat und die Erfahrung der Gruppenmitglieder sind für die Effizienz von Gruppen sehr wichtig. Außerdem ist es, wie bereits erwähnt, wichtig, dass die Gruppen heterogen zusammengesetzt sind und die Gruppengröße angemessen ist.

4.6 Positive Effekte kooperativen Lernens

Seit Ende des 19. Jahrhunderts wurden fast 600 empirische Untersuchungen über kooperatives, konkurrierendes und individuelles Lernen durchgeführt. Die Ergebnisse haben gezeigt, dass sich kooperatives Lernen vor allem in drei Bereichen positiv auswirkt (vgl. Johnson et al., 2002). Es steigert den Leistungswillen, schafft positive Beziehungen und verbessert das psychische Wohlbefinden der Schüler.

Weitere positive Effekte sind bessere Leistungen und höhere Produktivität, mehr Rücksicht, Unterstützung und Engagement der Schüler und eine Steigerung der sozialen Kompetenzen und des Selbstwertgefühls der Schüler (vgl. Johnson et al., 2002).

Gründe für die besseren Leistungen sind das Austauschen von Ressourcen und Informationen innerhalb der Gruppe. Die Schüler müssen Informationen verarbeiten, zusammenfassen, gedanklich ordnen und dann anderen Gruppenmitgliedern vermitteln. Dies führt zu anspruchsvolleren Denkfertigkeiten und vertieftem Verständnis des Lernstoffs.

Durch das Arbeiten in Gruppen erhalten die Schüler direktes Feedback der Gruppenmitglieder und können Verbesserungsvorschläge der Mitschüler zeitnah umsetzen. Außerdem trauen sich Schüler, die sich im Frontalunterricht bei Lehrerfragen zurückziehen, um sich nicht zu blamieren, häufig in der Gruppe aktiv zu werden.

Die Motivation zu Lernen ist in kooperativen Arbeitsgruppen deutlich höher als beim individuellen Lernen. Durch das gegenseitige Ermutigen der Gruppenmitglieder wird z.B. dass eigene Interesse am Lernen erhöht und die Arbeitsmoral verbessert. Zudem lernen die Schüler Lernen um des Lernens willen und entwickeln eine positive Einstellung zu dem jeweiligen Unterrichtsfach.

Nach Johnson & Johnson (2005) fördert kooperatives Lernen den Einsatz von komplizierten Denkstrategien und kritischem Denken viel stärker, als konkurrierendes oder individuelles Lernen. Außerdem kommt es zu einer höheren Effizienz in Bezug auf Ideen, Lösungen und Strategien. Darüber hinaus kann das Gelernte besser auf neue Situationen und Aufgaben transferiert werden, was vor allem im Fach Mathematik von großer Bedeutung ist.

Durch die positiven Beziehungen zwischen den Schülern nehmen schulaversives Verhalten und Schulabgänge ab. Des Weiteren werden die Motivation zu lernen, die Arbeitsmoral, die Eigenständigkeit und die Zufriedenheit der Schüler positiv beeinflusst. Durch den Zuwachs an Selbstverantwortung und Eigenständigkeit für das eigene Lernen, wird selbstgesteuertes Lernen ermöglicht.

Durch die Zusammenarbeit mit anderen Personen wird die Fähigkeit gefördert, Dinge aus anderen Perspektiven wahrzunehmen und dadurch Egozentrismus verhindert. Nach Johnson und Johnson (1995) werden im sozia-

len Bereich zusätzlich soziale Akzeptanz, soziale Unterstützung, psychische Stabilität, Interesse und positive Einstellung zum Unterricht gefördert.
Besonders für die Schüler ist wichtig, dass kooperative Lernformen die Wahrnehmung von Gleichheit fördert. Im Gegensatz zu kompetitiven Lernformen wird dadurch die Bedeutung sozialer Vergleichsprozesse als Informationsquelle für die Selbstauffassung von Schülern herabgesetzt (vgl. Neber, 2006). Durch die Wahrnehmung von Gleichheit nimmt prosoziales Verhalten zu und es kommt zu einer verbesserten Integration von Minoritäten.

4.7 Ablauf kooperativen Unterrichts

4.7.1 Die Rolle des Lehrers

Johnson und Johnson (1995) sprechen dem Lehrer folgende Aufgaben zu:

1. Er trifft vorbereitende Entscheidungen.
2. Er erklärt den Schülern die Aufgabe und die gewünschte Art der Zusammenarbeit.
3. Er beaufsichtigt die Gruppenarbeit und schreitet bei Bedarf ein.
4. Er evaluiert und bewertet.

Die aufgeführten Aufgaben können als Schritte verstanden werden, die man in der dargestellten Reihenfolge abarbeiten muss.

Im ersten Schritt werden vorbereitende Entscheidungen getroffen. Zu diesen Entscheidungen gehört, für jede Stunde Ziele zu formulieren, die Gruppengröße festzulegen, Verfahren zur Gruppeneinteilung auszuwählen, die Rollenverteilung innerhalb der Gruppe zu bestimmen, eine Tisch- und Sitzordnung vorzubereiten und das benötigte Material zusammenzustellen.

Der zweite Schritt besteht darin, den Schülern die Aufgabe und die gewünschte Art der Zusammenarbeit zu erklären. Dazu gehört, in jeder Stunde die Aufgabe zu erklären, die Anforderungskriterien deutlich zu machen, positive Interdependenz zu schaffen, die Eigenständigkeit und Eigenverantwortlichkeit jedes Schülers zu betonen, erwünschtes Verhalten klarzustellen und die Kooperation innerhalb der Gruppe zu strukturieren.

Der dritte Schritt besteht darin, die Gruppenarbeit zu beaufsichtigen und bei Bedarf einzuschreiten. Dazu gehört, unterstützende Interaktion zwischen den Schülern zu etablieren, Interaktion zu beobachten, gegebenenfalls einzugreifen, um bei der Aufgabe zu helfen oder um die Zusammenarbeit zu verbessern und zum Schluss die Gruppenarbeit zu beenden und die Stunde abzuschließen.

Der vierte Schritt besteht darin, zu evaluieren und zu beurteilen. Das bedeutet, die Qualität und Quantität der Schülerleistung zu bewerten, darauf zu achten, dass die Schüler die Effizienz ihrer Lerngruppe sorgfältig beurteilen, die Gruppenbewertung einzuleiten, die Schüler aufzufordern, genau zu besprechen, was sie beim nächsten Mal besser machen können und den Schülern die Möglichkeit zu geben, sich über ihren Erfolg zu freuen.

Anders als im reinen lehrerzentrierten Unterricht muss der Lehrer sich entscheiden, ob er als Wissensvermittler oder als Lernbegleiter agieren will.

Nach Konrad und Traub (2001) ist es in der Anfangsphase des kooperativen Lernens von großer Bedeutung, dass Lehrer den Schülern erklären, was sie sich von kooperativen Lernformen versprechen und warum sie solche Lernformen für den Unterricht präferieren. Den Autoren nach sollte der Lehrer versuchen, die Kooperation zu einer Angelegenheit jedes Einzelnen zu machen. Dies kann erreicht werden, indem in der Anfangsphase alle Teilnehmer an der Entwicklung und Einführung kooperativer Lernformen beteiligt werden. Der Lehrer kann z.b. mit Hilfe der Teilnehmer zunächst Möglichkeiten, sowie Vor- und Nachteile der Kooperation erarbeiten, sowie mögliche Probleme dieser Lernform diskutieren.

4.7.2 Teambildende Maßnahmen

Teambildende Maßnahmen sind für kooperatives Lernen von großer Bedeutung. Durch sie entstehen positive Beziehungen und ein Zusammengehörigkeitsgefühl zwischen den Mitgliedern einer Gruppe. Gerade am Anfang von kooperativen Lernphasen ist es wichtig, dass die Gruppenmitglieder sich kennen lernen und eine positive Beziehung zueinander aufbauen.

Zu den teambildenden Maßnahmen gehört auch das Kennenlernen. Am Anfang sollte man immer bedenken, wie gut sich die Gruppenmitglieder schon kennen und dass es wichtig ist, dass alle Mitglieder einer Gruppe miteinander vertraut werden. Kennenlern- und Interaktionsübungen können dazu beitragen, dies zu ermöglichen und dazu führen, dass Informationen ausgetauscht werden.

Als Beispiel für eine teambildende Maßnahme, die am Anfang einer Gruppenarbeitsphase angewendet werden kann, ist das „Namen lernen" zu nennen. Alle Gruppenmitglieder müssen die Namen der anderen lernen und werden mithilfe eines Tests geprüft. Die Gruppe, deren Mitglieder durchschnittlich am meisten Namen richtig nennen konnten, hat gewonnen. Als zweite Kennenlernmaßnahme könnte man die Gruppenmitglieder Interviews durchführen lassen, bei denen sie die anderen etwas besser kennen lernen können.

Für Schulklassen, in denen sich die Schüler schon kennen, ist es bedeutsamer, die Gruppenidentität zu stärken. Geeignete Maßnahmen sind z.B. das Ausdenken eines Gruppennamens oder das gemeinsame Anfertigen und Entwerfen eines Schildes mit dem Gruppennamen. Weiterhin kann die Gruppe gemeinsam eine Liste von Dingen anfertigen, die alle Gruppenmitglieder gemeinsam haben. Die Liste kann zusätzlich irgendwo im Raum, für alle sichtbar, aufgehängt werden. Zusätzlich kann sich durch die Verteilung von Rollen innerhalb der Gruppe das Gefühl der Gruppenmitglieder verstärken, ein wichtiger Bestandteil der Gruppe zu sein.

4.8 Mögliche Probleme bei der Umsetzung in der Schule

Es ist unbestritten und durch zahlreiche Studien erwiesen, dass kooperatives Lernen viele positive Effekte erzeugt. Es ist jedoch gerade für Lehrer und Personen, die ihren Unterricht im Sinne des kooperativen Lernens gestalten wollen, wichtig, dass sie Nachteile und mögliche Probleme kennen, um die Lernprozesse möglichst optimal gestalten zu können.

Bevor das kooperative Lernen im Folgenden kritisch betrachtet wird, ist zu sagen, dass wohl das größte Problem des kooperativen Lernens darin besteht, dass es trotz einer allgemein großen Wertschätzung im Schulalltag nur sehr selten eingesetzt wird.

Auf Seiten der Lehrer besteht immer noch eine gewisse Skepsis, die sie dazu bewegt, den Frontalunterricht oder traditionelle Gruppenarbeit den kooperativen Lernformen vorzuziehen. Ein Grund dafür ist, dass die Lehrer nicht über die grundlegenden Kenntnisse über das kooperative Lernen verfügen und die Umsetzung oft als zu zeitaufwändig wahrnehmen. Ferner setzen viele Lehrer auf Grund ihrer mangelnden Kenntnisse über kooperative Lernformen traditionelle Gruppenarbeit mit kooperativem Lernen gleich und wissen nicht, dass sie z.B. durch die Nutzung der Grundelemente des kooperativen Lernens die Gruppenarbeit viel effektiver gestalten könnten. Deshalb ist es wichtig, dass die Lehrer den Nutzen und die Effektivität des kooperativen Lernens erkennen und sich die grundlegenden Kenntnisse aneignen, die für die Umsetzung nötig sind.

Die Anwendung kooperativer Lernformen muss immer optimal auf die Lerngruppe abgestimmt werden. Trotz allem kann es immer noch dazu führen, dass es unterschiedlich hohe Motivationsausprägungen innerhalb einer Gruppe gibt und sich manche Gruppenmitglieder deshalb weniger am Gruppenprozess beteiligen als andere. Einzelne Schüler können z.B. der Meinung sein, dass sie ihren Teil der Arbeit erledigt haben und sich auf Grund von mangelnder Motivation weigern, sich weiterhin zu engagieren. Dies kann dazu führen, dass unvollständige Gruppenarbeiten abgegeben werden und dass das Arbeitsklima in der Gruppe negativ beeinflusst wird.

In jeder Klasse bzw. in jeder Lerngruppe kann es Schüler geben, die nicht bereit sind, die Verantwortung zu übernehmen, die ihnen durch die kooperative Lernform aufgebürdet wird. Ebenso kann es für die Gruppen schwierig sein, die eigenen Lernprozesse und das eigene Lernverhalten zum Thema zu machen.

Die Qualität kooperativen Lernens ist immer von den sozialen und intellektuellen Fertigkeiten der Schüler abhängig. In einer Klasse mit Schülern, die kaum soziale Fertigkeiten besitzen und kein Interesse am Thema sowie am Lernen haben, könnte die Effektivität des kooperativen Lernens sehr bescheiden ausfallen. Die aufgeführten positiven Effekte sind dementsprechend nur zu erzielen, wenn die Schüler entsprechend mitarbeiten.

An Schulen für Erziehungshilfe beispielsweise wäre es zwar theoretisch sehr sinnvoll kooperative Lernformen einzusetzen, in der Praxis würde dies aber sehr schwer realisierbar sein, da die Schüler auf Grund der mangelnden sozialen Kompetenzen kaum in der Lage sind mit anderen zu kooperieren. Bevor diese Schüler in der Lage wären kooperativ zu lernen, wären zahlreiche Fördermaßnahmen notwendig.

Die Anwendung kooperativer Lernformen kann zur Folge haben, dass Schüler die Schwierigkeiten mit dem kooperativen Lernen haben, eine negative Einstellung zu den kooperativen Lernformen entwickeln, welche sich von Mal zu Mal verschlimmern kann.

Es ist möglich, dass die Gruppenmitglieder die Aufgabenverteilung innerhalb der Gruppe als ungerecht empfinden. Dadurch wird bei den Personen, die der Meinung sind, dass sie die Hauptlast der Gruppenarbeit tragen, die Motivation stark reduziert.

Weiterhin kann es bei kooperativen Lernmethoden, bei denen die Gruppenmitglieder die Arbeit untereinander aufteilen können, dazu führen, dass jeder sich einen Teil aussucht, der seinen Fähigkeiten und Interessen entspricht. Daraus resultiert, dass die Lernenden Dinge, die sie schon gut können, noch besser lernen, aber Dinge, die sie noch nicht beherrschen, gar nicht lernen (vgl. Konrad und Traub, 2001).

In vielen kooperativen Lernmethoden ist das Erklären ein wichtiger Bestandteil des Gruppenarbeitsprozesses. Das „Erklären müssen" kann bei Schülern mit niedriger Selbstwirksamkeitserwartung und geringem Selbstkonzept Stress und Angstzustände auslösen. Solche Schüler können eine Abneigung gegen kooperative Lernformen entwickeln und versuchen sich der unangenehmen Situation zu entziehen.

Nach Konrad und Traub (2001) kann es dazu kommen, dass Schüler, die im mittleren Fähigkeitsbereich liegen, verhältnismäßig selten aktiviert werden und daher keinen großen Leistungsfortschritt erzielen. Dies liegt daran, dass leistungsstarke Schüler und leistungsschwache Schüler häufig in Kontakt miteinander stehen, weil die schwächeren Schüler Hilfen erbeten und die Leistungsstärkeren ihnen helfen. Die Schüler, die im mittleren Fähigkeitsbereich liegen, werden dabei häufig umgangen und nicht in die Kooperation eingebunden.

Durch die aufgeführten Probleme wird deutlich, dass der Lehrer nicht nur das kooperative Lernen im Vorfeld planen und gestalten muss, sondern auch über eine Vielzahl von sozialen Kompetenzen und eine ausgeprägte Analysefähigkeit verfügen muss. Er muss beispielsweise erkennen, wenn es in den Gruppen Probleme gibt, die die Schüler nicht selbst lösen können, muss in der Lage sein seine Schüler zu motivieren, soziale Kompetenzen zu vermitteln und vorzuleben.

4.9 Beispiel für eine kooperative Lernmethode

Der kooperative Lese- und Schreibunterricht (Cooperative Integrated Reading and Composition; kurz CIRC) ist ein von Slavin und Madden (1987) entwickeltes, umfassendes Interventionsprogramm, mit dem die Fertigkeiten des Lesens und Schreibens von Schülern der Jahrgangsstufen 2 bis 8 gefördert werden sollen.

Das Programm wird in den Regelunterricht implementiert und beinhaltet ein tägliches Training im Lesen und Schreiben. Zu den Inhalten des Programms gehören textbezogene Aktivitäten, direkte Instruktion von Leseverständnis und integriertem Lesen und sprachunterrichtliche Aktivitäten. Dabei arbeiten die Schüler in Kleingruppen zusammen, um das Gelesene zu diskutieren, unklare Aspekte zu klären, den Inhalt des Textes zu verstehen und sich beim Schreibprozess zu unterstützen.

Die Schüler arbeiten in Zweier-, bzw. Dreierteams zusammen. Eine Gruppe besteht aus zwei Dyaden oder Triaden, d.h. insgesamt 4 bis 6 Personen. In den Kleingruppen werden basale Texte durch den Lehrer eingeführt und nach dem Lesen gemeinsam mit den Schülern besprochen. Weiterhin motiviert der Lehrer in den Gruppen zum Lesen, führt neue Vokabeln ein, bespricht alte Vokabeln, usw. Während der Lehrer mit einer Gruppe zusammenarbeitet, bearbeiten die restlichen Schüler in Partnerarbeit die basalen Texte, indem sie sie zuerst alleine und anschließend in Kooperation lesen. Dabei lesen sie abwechselnd Absatz für Absatz und verbessern sich gegenseitig. Darüber hinaus müssen die Teilnehmer regelmäßig individuelle Tests bearbeiten und werden für gute Leistungen belohnt.

Stevens, Madden, Slavin und Farnish (1987) haben in zwei Studien die Wirksamkeit von CIRC untersucht. In dieser Untersuchung werden die Auswirkungen auf die Schreibkompetenz der Schüler außer Acht gelassen, da der Fokus auf der Förderung des Leseverständnisses liegen soll.

An der ersten Studie nahmen 461 Schüler der Jahrgangsstufen 3 und 4 teil. Die Schüler wurden in eine Trainingsgruppe (11 Klassen) und eine Kontrollgruppe (10 Klassen) aufgeteilt.

Das Programm wurde im Frühling (1985) für 12 Wochen in den Unterricht implementiert. Die dritten Klassen hatten täglich zwei Stunden Lesetraining und 45 Minuten Sprachunterricht. Die vierten Klassen hatten jeden Tag 90 Minuten Lesetraining und 60 Minuten Sprachunterricht. Die Schüler der Kontrollgruppe erhielten traditionellen Unterricht.

Alle Aktivitäten folgten einem regulären Zyklus. Die einzelnen Phasen dieses Zyklus waren Lehrerpräsentation, Gruppenarbeit, selbstständiges Üben (20 Minuten jeden Abend), peerbasierte Leistungseinschätzung, zusätzliches Üben (wenn nötig) und Testung. Einen Tag pro Woche erhielten die Schüler eine direkte Instruktion in verständnisfördernden und metakognitiven Strategien.

Die Effekte der Untersuchung wurden durch einen Prätest-Posttestvergleich ermittelt. Der Prätest ergab keine relevanten signifikanten Gruppenunterschiede. Nur im Bereich Sprache gab es leichte Vorteile auf Seiten der Kontrollgruppe. Anhand der Ergebnisse des Prätests wurden die Schüler in drei Kategorien eingeteilt (top reading group; middle reading group; low reading group), um die Effekte genauer analysieren zu können.

Der Posttest ergab, dass die Versuchsgruppe in vier von fünf standardisierten Tests besser abschnitt als die Kontrollgruppe. Es ergaben sich signifikante Unterschiede im Bereich Leseverständnis, Lesevokabular, sprachliche Äußerungen und Buchstabieren.

An der zweiten Studie nahmen 450 Schüler der Jahrgangsstufen 3 und 4 teil. Die Schüler wurden in eine Versuchsgruppe (9 Klassen) und eine Kontrollgruppe (13 Klassen) eingeteilt. Die Durchführung der Untersuchung orientierte sich an der ersten Studie, wurde jedoch über einen Zeitraum von 24 Wochen durchgeführt. Weiterhin wiesen die ausgewählten Schüler größere Unterschiede im Bezug auf ihren ethnischen und sozioökonomischen Hintergrund auf.

Die Untersuchung der Ergebnisse wurde mithilfe eines Prätest-Posttestvergleichs durchgeführt. Die Ergebnisse des Prätests ergaben keine signifikanten Gruppenunterschiede. Die Analyse der Ergebnisse ergab signifikante Unterschiede im Bezug auf Leseverständnis, sprachlichen Ausdruck und Lesemechanik zu Gunsten der Versuchsgruppe. Nur im Bereich Lesevokabular konnten keine signifikanten Unterschiede festgestellt werden.

4.9.1 Diskussion der Methode

Die Ergebnisse beider Studien zeigen, dass CIRC ein effektives Programm zur Förderung der Lese- und Sprachleistung von Dritt- und Viertklässlern darstellt. Die Resultate ergaben, dass besonders die Fähigkeit zum Dekodieren und Texte sinnentnehmend zu lesen durch CIRC effektiv gefördert wird. Auch im Buchstabieren erzielten die CIRC-Teilnehmer wesentlich bessere Ergebnisse als die Teilnehmer der Kontrollgruppe. Die Resultate beider Studien zeigten, dass die Schüler unabhängig von ihrem Leistungsniveau sehr von dem Programm profitierten.

Die Forscher konnten jedoch nicht genau analysieren, welche Faktoren für die positiven Effekte verantwortlich sind. Das Leseverständnis und das Lesevokabular könnten durch die Bearbeitung der basalen Texte, die direkte Instruktion in Verständnisstrategien oder das tägliche, selbstständige Lesen von 20 Minuten bewirkt worden sein. Darüber hinaus könnten die positiven Effekte auf das kooperative Lernen und die Gruppenbelohnung zurückgeführt werden. Weiterhin gehen die Autoren davon aus, dass durch das Partnerlesen der Lesefluss und die Dekodierfähigkeit der Schüler positiv beeinflusst wurde.

Die Untersuchung hat beispielhaft gezeigt, dass kooperative Lernformen effektiv in den Unterricht integriert und zur Förderung der Lesekompetenz eingesetzt werden können.

4.10 Zusammenfassung

Kooperatives Lernen ist eine Form des Lernens, bei der mehrere Personen in einer Gruppe zusammenarbeiten, um sich beim Lernen des Stoffes gegenseitig zu helfen. Die Gruppenmitglieder müssen durch ein gemeinsames Ziel miteinander verbunden und alle gleichermaßen für den Erfolg der Gruppe verantwortlich sein. Im Vergleich zu herkömmlichen Gruppenarbeitsformen unterscheidet es sich dadurch, dass zwischen den Gruppenmitgliedern eine positive Interdependenz besteht und dass soziale Fertigkeiten nicht vorausgesetzt, sondern im Rahmen des kooperativen Unterrichts vermittelt werden.

Die wichtigsten Formen des kooperativen Lernens sind formelles kooperatives Lernen, informelles kooperatives Lernen und kooperative Langzeitteams. Werden alle drei Formen im Unterricht kombiniert, ist dies die Grundlage für erfolgreichen Unterricht.

Die fünf Grundelemente kooperativen Lernens sind positive Interdependenz, Eigen- und Gruppenverantwortlichkeit, unterstützende Interaktion, Erwerb sozialer Fertigkeiten und Evaluation. Werden diese fünf Elemente in den Unterricht integriert, können formelle oder informelle kooperative Lerngruppen oder kooperative Langzeitteams entstehen.

Um einen effizienten kooperativen Unterricht planen und durchführen zu können, ist es von großer Bedeutung, dass die Lehrer die Grundelemente verstanden haben und in den Unterricht integrieren, da von ihnen die Effizienz kooperativen Lernens abhängt.

Das kooperative Lernen kann nur dann erfolgreich sein, wenn man in leistungsfähigen, kooperativen Gruppen zusammenarbeitet. Zu den verschiedenen Gruppenformen zählen die „Pseudogruppe", die traditionelle Gruppe, die kooperative Lerngruppe und die kooperative „Hochleistungsgruppe". Die Leistung der Gruppe ist von der Einstellung, der Motivation und der Leistungsfähigkeit der Schüler im sozialen, kognitiven und metakognitiven Bereich abhängig.

Durch kooperatives Lernen kann eine Vielzahl an positiven Effekten erzielt werden. Beispielsweise werden der Leistungswille und die Produktivität gesteigert, es entstehen positive Beziehungen zwischen den Schülern und das psychische Wohlbefinden der Schüler wird verbessert.

Viele Lehrer stehen dem kooperativen Lernen immer noch skeptisch gegenüber, obwohl die positiven Effekte den meisten bekannt sind und kooperatives Lernen eine breite Akzeptanz erlangt hat. Das Hauptproblem bei der Umsetzung ist, dass es sehr zeitaufwändig und die Effizienz des Lernens von den Schülern abhängig ist.

5. Reziprokes Lehren

5.1 Definition

Reziprokes Lehren ist eine Interventionsmethode, die 1984 von Palincsar und Brown entwickelt wurde, um Kinder mit gravierenden Rückständen im sinnentnehmenden Lesen zu fördern. Sie definieren reziprokes Lehren als „form of guided, cooperative learning featuring a collaborative learninig environment of learning leaders and listeners; expert scaffolding by an adult teacher; and direct instruction, modeling, and practice in the use of four simple strategies that serve to prop up an emergent dialogue structure." (Palincsar & Brown, 1984, S. 443).

Nach Demmrich et al. (2004) meint reziprokes Lehren, dass für jeden Absatz des Texts ein Kind bestimmt wird, das die Rolle des „Lehrers" übernimmt. Die restlichen Kinder übernehmen die Rolle der „Schüler". In der Rolle des Schülers üben die Schüler bestimmte Lesestrategien ein, mit denen sie Textverständnis fördern und überwachen können und in der Rolle des Lehrers lernen sie, den Einsatz dieser Strategien metakognitiv zu steuern.

Das reziproke Lehren gehört zu den metakognitiv angereicherten Strategietrainings. Der Schwerpunkt liegt dabei auf dem Aufbau einer metakognitiven Wissensbasis und der Verbesserung der exekutiven Metakognition (vgl. Schreblowski, 2004). Im Vordergrund stehen jedoch vier kognitive Strategien, die die Schüler beim Lesen von Texten anwenden sollen.

Nach Streblow (2004) ist neben der Förderung des Leseverständnisses die Förderung der selbstständigen Verstehenskontrolle der Schüler ein wichtiges Ziel.

Das Grundlegende der Methode ist, dass die Schüler in Kleingruppen von vier bis sechs Personen zusammenarbeiten und Lesestrategien anwenden, durch die das sinnverstehende Lesen verbessert wird.

Die Durchführung des Lesetrainings umfasst einen Zeitraum zwischen sechs und acht Wochen. Im Laufe des Trainings bearbeiten die Schüler selbstständig Texte und der Lesetrainer, bzw. der eigentliche Lehrer, zieht sich immer mehr zurück und steht nur noch beratend zur Seite.

5.2 Lesestrategien

Palincsar und Brown (1984) haben vier Lesestrategien für das reziproke Lehren ausgesucht, mithilfe derer sich das Leseverständnis der Schüler am besten fördern lässt. Zu den Strategien gehört das Zusammenfassen, Fragen, Klären und Vorhersagen. Palincsar und Brown wählten diese Strategien, weil sie herausgefunden haben, dass gute Leser sie routinemäßig anwenden, während sie von schwachen Schülern eher selten genutzt werden. Weiterhin besitzen die Strategien eine duale Funktion, wenn sie intelligent genutzt werden. Zum einen fördern sie das Leseverständnis und zum anderen erfordert ihre Nutzung die Überprüfung des Verstehensprozesses. Sie können also sowohl der Verständnisförderung als auch der Verständnisüberwachung dienen, wenn sie richtig genutzt werden. Hat ein Schüler zum Beispiel ein Problem beim Zusammenfassen eines Absatzes, ist das ein Zeichen dafür, dass er den Text nicht verstanden hat und Maßnahmen einleiten muss, mithilfe derer er den Sinn des Textinhalts erschließen kann (z.b. noch mal lesen).

Brown und Palincsar (1989) beschreiben die Strategien als „self-testing mechanisms", die das Verständnis positiv beeinflussen. Weiterhin bezeichnen sie die Strategien als Werkzeuge, die eine Grundlage für die Diskussion der Schüler bilden und zusätzlich das Verstehen und Behalten der Informationen aus dem Text erleichtern. Ein weiteres interessantes Merkmal der Strategien ist, dass sie der Strukturierung der intrapersonalen sowie der sozialen Dialoge dienen können.

5.2.1 Zusammenfassen

Wenn ein Teil oder ein Abschnitt des Textes gelesen wurde, wird die Strategie Zusammenfassen angewendet. Der Sinn des Zusammenfassens besteht darin, dass die Schüler ihre Aufmerksamkeit auf die Kernaussage des Absatzes richten und überprüfen, ob sie sie verstanden haben.

Die Schüler sollen außerdem lernen, die wichtigsten Informationen des Textabschnitts mit eigenen Worten und so prägnant wie möglich zusammenzufassen.

Um den Schülern das Zusammenfassen zu erleichtern, werden ihnen bestimmte Techniken vermittelt. Zu diesen Techniken gehören:
- Die Auswahl eines Hauptaussagesatzes im Text. Die Schüler sollen wissen, dass solche Sätze meist am Anfang oder am Ende eines Abschnittes stehen.
- Die selbständige Formulierung eines Hauptaussagesatzes.
- Zentrale Informationen zu unterstreichen und triviale bzw. redundante Informationen zu tilgen (z.B. durch Einschwärzen des Textes).
- Wichtige Stichpunkte zu notieren, um sie dann in ein bis zwei Sätzen zu verbinden.

(vgl. Demmrich et al., 2004)

5.2.2 Fragen

Das Fragen, welches von Schülern oft mit dem Klären gleichgesetzt wird, wird ebenfalls angewendet, damit die Schüler ihre Aufmerksamkeit auf die Hauptaussage des Textabschnitts richten und ihr Verständnis überprüfen.
Weiterhin sollen die Schüler die Fähigkeit erwerben Fragen zum Text zu formulieren, die sich auf die wichtigsten Informationen des gelesenen Ab-

schnittes konzentrieren. Bei Schülern ist es wichtig, dass sie sich beim Anwenden der Strategie die Frage stellen „Was würde der Lehrer zu diesem Textabschnitt fragen?" oder „Was könnte ich fragen, um zu überprüfen, ob jemand den Textabschnitt verstanden hat?". „Diese Technik schließt die Fähigkeit ein, wichtige und unwichtige Informationen zu unterscheiden und zentrale Ideen zu identifizieren" (Konrad et al. 2001, S.130).

Zu Beginn des Trainings werden Fragen gestellt, die sich nur auf einen Abschnitt beziehen. Im Laufe des Trainings wird dazu übergegangen, komplexere Fragen zu stellen. Es ist darauf zu achten, dass die Schüler ausreichend Zeit erhalten, um ihre Antwort zu überdenken. Nachdem unterschiedliche Antworten gegeben wurden, wird in der Gruppe über die beste Antwort diskutiert.

5.2.3 Klären

Beim Klären geht es darum die Bedeutung von Wörtern oder ganzer Sätze, die nicht verstanden wurden, zu klären. Die Teilnehmer sollen lernen innezuhalten, wenn sie in einer Textpassage etwas nicht verstehen und nach der Bedeutung des Satzes oder des Wortes zu fragen. Wenn ein Wort nicht verstanden wurde, dann soll ein Schüler versuchen den anderen die Bedeutung des Wortes zu erklären. Kann keiner das Wort erklären, sollen die Schüler den Satz, in dem das Wort steht, erneut lesen und versuchen es aus dem Kontext zu verstehen. Wenn die Bedeutung des Wortes dann immer noch nicht klar sein sollte, sollen die Schüler nach Hinweisen im Text suchen. Dazu könnten sie den Satz vor und den Satz nach dem Satz lesen, in dem das unklare Wort enthalten ist. Hinweise können Erklärungen in Klammern oder Kommata sein. Außerdem sollten die Schüler auf Hinweiswörter wie „oder", „diese", „es", „sie" usw. aufmerksam gemacht werden (vgl. Demmrich et al., 2004).

Zusätzlich könnten Informationsquellen wie Lexika oder das Internet erlaubt werden.

5.2.4 Vorhersagen

Beim Vorhersagen geht es darum, dass die Lernenden auf Grund der Informationen, die sie aus dem letzten Textabschnitt oder der Überschrift eines Textes entnommen haben, eine Vermutung darüber abgeben, was im nächsten Textabschnitt passieren könnte. Es werden in der Regel zwei Techniken angewandt. Die erste Technik ist dadurch gekennzeichnet, dass die Vorhersagen auf der Basis des eigenen Vorwissens getroffen werden. Dies sollte am Anfang jedes Lesetrainings, z.B. beim Lesen der Überschrift gemacht werden. Die zweite Technik zeichnet sich dadurch aus, dass auf der Grundlage des bisher gelesenen Textes Vorhersagen zum weiteren Ablauf des Textes getroffen werden.

5.3 Ablauf des Reziproken Lehrens

Vor dem Beginn eines Lesetrainings wird ein Prä-Test durchgeführt, bei dem das Leseverständnis der Schüler getestet wird. Auf der Grundlage der Testergebnisse werden Gruppen eingeteilt, die aus vier bis sechs Schülern bestehen sollten. Die Gruppen sollten so zusammengesetzt sein, dass die Leseleistungen der Schüler heterogen sind.

Für den gesamten Ablauf sollten zwischen 10 und 15 Sitzungen eingeplant werden.

Das Ziel des Lesetrainings ist es, dass die Schüler in den Kleingruppen gemeinsam einen Text lesen, die Lesestrategien anwenden, den Inhalt des Textes diskutieren und dadurch ihr Leseverständnis verbessern. Dabei übernimmt für jeden Absatz ein anderer Schüler aus der Gruppe die Lehrerrolle und leitet die Gruppe darin an, welche Strategien einzusetzen sind.

5.3.1 Instruktion und Modellverhalten

In der Literatur werden zwei verschiedene Formen der Strategievermittlung beschrieben. Rosenshine und Meister (1994) unterscheiden reciprocal teaching only (RTO) und explicit teaching before reciprocal teaching (ET-RT). Beim RTO werden die Strategien während der Dialoge vermittelt, beim ET-RT werden die Strategien in drei bis sechs Einführungsstunden explizit vermittelt, bevor die Schüler mit der Gruppenarbeit beginnen.

Im Folgenden wird das ET-RT genauer beschrieben, da das RTO nur anwendbar ist, wenn der Lesetrainer nur für eine Gruppe zuständig ist.

Bevor mit dem eigentlichen Ablauf begonnen werden kann, muss der Lesetrainer den Schülern zu Beginn des Trainings die Lesestrategien vermitteln und ihre Anwendung sowie die Lehrerrolle modellieren. Dies geschieht durch das gemeinsame Klären des Sinns und der Nützlichkeit der Strategieanwendung. Anschließend erfolgt ein kognitives Modellieren der Strategieanwendung und der Lehrerrolle durch den Lesetrainer. Der Lesetrainer muss dabei sein Vorgehen genau beschreiben und seine handlungsleitenden Gedanken für die Schüler verbalisieren. In dieser Einführungsphase sollten die Kinder aktiv an der Textarbeit beteiligt sein, indem z.B. ihr Vorwissen über Lesestrategien abgerufen wird (vgl. Demmrich et al., 2004).

5.3.2 Festlegung der Aufgaben- und Rollenverteilung

Bevor die Schüler in den Gruppen arbeiten können, ist es wichtig, gemeinsam zu klären, wie die Rollen innerhalb der Gruppe verteilt werden, welche Aufgaben mit den jeweiligen Rollen verbunden sind und welche Verhaltensregeln für die Gruppenarbeit gelten sollen. Auch hier ist es von großer Bedeutung, dass die Schüler die Regeln weitgehendst selbst erstellen, da sie dann größere Beachtung finden, als wenn sie vom Lesetrainer festgelegt werden.

Die Schüler müssen in dieser Phase erfahren, dass ein Text abschnittsweise gelesen wird und für jeden Abschnitt ein Kind die Rolle des „Lehrers" übernimmt. Damit die Schüler wissen, was sie als „Schüler" oder „Lehrer" machen müssen, werden die zu den Rollen gehörigen Aufgaben geklärt.

Die Aufgaben des „Lehrers" werden auf Merkkärtchen notiert, die die Schüler im Verlauf des Lesetrainings nutzen können, wenn sie sich ihrer Aufgaben nicht mehr sicher sind. Anschließend werden Regeln zum Verhalten in den Gruppen besprochen. Diese sollten das Gesprächsverhalten und das Sozialverhalten betreffen und sichtbar, z.B. auf einem Plakat, in der Klasse ausgehängt werden.

5.3.3 Beginn des Trainings

Der Lesetrainer bereitet Texte vor, die für die Kinder des jeweiligen Alters interessant und vom Niveau her entwicklungsangemessen sind (vgl. Demmrich et al., 2004).

Zu Beginn der ersten Sitzungen übernimmt der Lesetrainer die Rolle des Lehrers, um den Schülern zu demonstrieren, wie die Strategien angewendet werden und wie sie sich als Lehrer verhalten sollen. Bei der Anwendung der Strategien verbalisiert er seine handlungsleitenden Gedanken, an denen sich die Schüler orientieren können.

Anschließend modelliert er das Verhalten eines „guten Lehrers", indem er für einen Absatz die Rolle des Lehrers übernimmt und folgende Punkte abarbeitet.

1) Er fragt, wer die Überschrift vorlesen möchte.
2) Er fragt, um was es in dem Text voraussichtlich gehen wird (Vorhersagen), um das Vorwissen der Schüler zu aktivieren und Interesse zu erzeugen.
3) Er sucht einen Schüler aus, der den ersten Absatz vorlesen darf und gibt Feedback, das Lob und Tipps zur Verbesserung enthält.
4) Er fragt die Schüler, ob sie etwas nicht verstanden haben (Klären). Unklare Wörter oder Sätze werden gemeinsam geklärt → Feedback und Lob

5) Er fordert einen Schüler auf, eine Zusammenfassung des Abschnittes zu formulieren (Zusammenfassen). Die Zusammenfassung wird in der Klasse diskutiert und gegebenenfalls überarbeitet → Feedback und Lob
6) Er fragt, wer eine Frage zu dem Textabschnitt stellen möchte (Fragen). Die Frage wird von den anderen Schülern beantwortet und vom Lehrer bewertet. Es können mehrere Fragen gestellt werden →Feedback und Lob
7) Er fragt, wer eine Vorhersage treffen möchte (Vorhersagen). Die Vorhersage wird bewertet (wahrscheinlich oder unwahrscheinlich?) → Feedback und Lob

Nach spätestens zwei Absätzen gibt er die Lehrerrolle an eines der Kinder weiter und unterstützt es dabei die Lehrerrolle zu modellieren.

Der Trainer hat die Aufgabe, Rückmeldungen an die Kinder zu geben und sie dazu anzuregen, ihre Strategien zu verbessern. Wendet ein Schüler eine Strategie richtig an, ist es die Aufgabe des Trainers ihn zu loben und somit strategiekonformes Verhalten zu verstärken.

Gerade am Anfang ist es notwendig, dass der Trainer die Schüler wiederholt darauf hinweist, wie, wann und unter welchen Bedingungen die einzelnen Strategien angewendet werden und welche Regeln bei der Strategieanwendung zu beachten sind. Weiterhin ist von großer Bedeutung, dass den Schülern die Vorteile des Strategieeinsatzes bewusst gemacht werden.

Am Anfang ist zudem hilfreich, wenn die Schüler einen Merkzettel (in der Regel in Form eines Lesezeichens) griffbereit haben, auf dem alle Strategien verdeutlicht werden.

5.3.4 Reziproke Dialoge

Die Kinder diskutieren den Inhalt des Textes in einem gemeinsamen Gespräch (dem so genannten reziproken Dialog) und nehmen dabei abwechselnd die Rolle des „Lehrers" und des „Schülers" ein. Sie haben die Aufgabe die Lesestrategien anzuwenden, den Inhalt des Textes zu erschließen und zu diskutieren, sich einander Rückmeldungen zu geben und sich bei der Verbesserung ihres Vorgehens behilflich zu sein.

5.3.5 Die Rolle des Lehrerkinds

Das Lehrerkind hat die Aufgabe die Schülerkinder zu bestimmen, die einen Textabschnitt vorlesen oder eine Strategie anwenden dürfen. Dazu muss es entscheiden, welche Strategien sinnvoll auf den Abschnitt anwendbar sind und in welcher Reihenfolge die Strategien anzuwenden sind. Hat eines der Schülerkinder den Textabschnitt vorgelesen oder eine Strategie angewendet, muss das Lehrerkind eine Rückmeldung geben. Zu der Rückmeldung gehört, dass Hinweise und Tipps zur Verbesserung gegeben werden.

Im Laufe des Trainings übernimmt das Lehrerkind Schritt für Schritt das Verhalten, das der Trainer zu Beginn demonstriert hat. Hat die Gruppe Probleme mit der Strategieanwendung, ist es die Aufgabe des Lehrerkinds, die Strategie zu demonstrieren und die Schülerkinder an die zugehörigen Regeln zu erinnern. Nachdem die Gruppe die Bearbeitung eines Absatzes abgeschlossen hat, darf das Lehrerkind entscheiden, an wen es die Lehrer-Rolle weitergibt.

5.3.6 Die Rolle des Lehrers

Der Lehrer übernimmt während eines Lesetrainings die Rolle des Trainers. Anfangs vermittelt er den Schülern die Strategien, klärt gemeinsam mit den Schülern, welchen Nutzen und welche Bedeutung die Strategien haben, welche Regeln während der Gruppenarbeit eingehalten werden müssen und wie das Training abläuft.

Nachdem die Strategien erklärt und besprochen wurden, modelliert er die Strategieanwendung und die Rolle des Lehrerkinds. Wichtig ist dabei, dass er sein Denken verbalisiert, um den Schülern die Gedanken zu verdeutlichen, die sie sich beim Lesen eines Textabschnitts machen sollen.

Wenn die Schüler mit der Arbeit in den Gruppen beginnen, gibt der Lehrer den Schülern individuelles Feedback, modelliert gegebenenfalls noch mal die korrekte Strategieanwendung, gibt Hinweise zur korrekten Selbstbeobachtung und klärt Unklarheiten. Weiterhin regt er Diskussionen zwischen den Schülern an, fordert sie auf, auf die Aussagen und Fragen anderer einzugehen und zu überprüfen, ob die Strategien richtig angewendet wurden.

Es ist wichtig, dass sich der Lehrer im Laufe des Trainings bzw. mit zunehmender Kompetenz der Schüler immer mehr zurückzieht (Scaffolding), damit die Gruppen ihren Arbeitsprozess selbstständig gestalten müssen.

Der Lehrer sollte lediglich eingreifen, wenn die Schüler die Verhaltensregeln nicht einhalten (und das Lehrerkind nichts dagegen tun kann), wenn die Schüler Strategien grundsätzlich missverstanden haben, Fehler bei der Strategieanwendung durch die Gruppe nicht bemerkt werden oder die Schüler um Hilfe bitten.

5.4 Indikation der Methode

Beim Einsatz der Methode sind folgende Punkte zu beachten:
- Reziprokes Lehren eignet sich prinzipiell für Kinder, die gravierende Rückstände im Leseverständnis zeigen.
- Die Kinder müssen jedoch über ausreichende Dekodierfähigkeiten verfügen. Sie sollten in der Lage sein, Wörter zu entziffern, deren Bedeutung zu erfassen und über einen altersangemessenen Wortschatz

verfügen. Ist dies nicht der Fall, so müssen vor dem Training des sinnverstehenden Lesens grundlegendere Lesefertigkeiten eingeübt und aufgebaut werden. Es empfiehlt sich, vor der Intervention eine gründliche Diagnostik der Leseentwicklung durchzuführen.
- Die intellektuellen Fähigkeiten der Kinder sollten im Normalbereich liegen (IQ>85). Dies wird mit sprachfreien Intelligenztests überprüft.
- Die Methode kann bei Kindern ab der vierten Klasse eingesetzt werden und hat sich auch bei Jugendlichen und Erwachsenen bewährt.

(Demmrich, et al., 2004, S. 281)

5.5 Wirksamkeit und Wirksamkeitsbedingungen

Reziprokes Lehren ist eine sehr effektive Interventionsmethode. Rosenshine und Meister (1994) haben in einer Metaanalyse eine durchschnittliche Effektstärke von 0.88, d.h. einen „starken" Effekt für die Wirksamkeit der Intervention ermittelt (vgl. Demmrich et al., 2004). Bei längeren Texten, wie sie auch im Unterricht verwendet werden, liegen die Effektstärken sogar bei 1.00. Die Autoren weisen allerdings darauf hin, dass die Effekte bei selbstentwickelten Tests signifikanter ausfallen, als bei standardisierten Tests.

Bei der ersten Erprobung ihres Interventionsprogramms konnten Palincsar und Brown (1984) zeigen, dass extrem leseschwache Schüler der siebten Klasse, innerhalb von 6 Wochen Rückstände von bis zu zwei Schuljahren aufholen konnten. Diese Effekte waren über einen Zeitraum von einem Jahr stabil.

In ihrer Metaanalyse vergleichen Rosenshine und Meister (1994) mehrere Studien mit signifikanten und nicht-signifikanten Resultaten die mit Schülern ab der vierten Klasse durchgeführt wurden. Die Studien unterschieden sich hinsichtlich Dauer, Anzahl der Teilnehmer, Anzahl der Strategien und Untersuchungsleiter. Sie umfassten zwischen 6 und 25 Trainingseinheiten in Gruppen von ca. 3 bis 23 Schülern und wurden entweder von einem Lehrer oder einem Wissenschaftler durchgeführt.

Sie kommen zu dem Schluss, dass die Unterschiede zwischen den Studien nicht von der Klassenstufe, der Anzahl der Trainingseinheiten, der Größe der Gruppe, der Anzahl der Strategien und ob Lehrer oder Forscher das Training leiten abhängt.

Als kritische Variable sehen Rosenshine et al. den Dialog zwischen den Schülern, da die Effektivität der Gruppenarbeit wesentlich von der Qualität der Dialoge abhängt, jedoch weder Palincsar und Brown noch andere Forscher detailliert beschrieben haben, wie die Dialoge ablaufen müssen, um zu einem positiven Ergebnis zu führen.

5.5.1 Wirksamkeit der Lesestrategien

Die Verbesserung des Leseverständnisses beruht in erster Linie auf dem Erwerb der Lesestrategien und dem Erwerb metakognitiven Wissens. Palincsar und Brown (1984) haben mithilfe von täglichen Tests untersucht, wie sich die Strategieanwendung der Schüler entwickelt. Sie konnten zeigen, dass sich große und reliable Verbesserungen bei der Anwendung aller Strategien zeigten. Sie vermuten, dass das kontinuierliche Üben der Verständnisstrategien zu konzeptuellen Veränderungen beim Lesen führt.

Sie beschreiben die Entwicklung der Äußerungen der Schüler von relativ passiven Antworten auf Fragen hin zu einer sehr adäquaten Diskussionsführung (vgl. Brown et al., 1989). Auch Spörer et al. (2007) haben gefunden, dass sich die Anwendung der Strategien verbessert. Die Schüler lernten prägnantere Zusammenfassungen zu formulieren, Unklarheiten besser zu erkennen und waren dadurch in der Lage, Texte besser zu verstehen (vgl. Spörer et al., 2007).

Rosenshine und Meister (1994) haben gezeigt, dass kein Zusammenhang zwischen Posttest-Ergebnissen von der Fähigkeit Fragen zu generieren und dem Leseverständnis besteht und vermuteten, dass die positiven Effekte nicht auf die Vermittlung der Strategien zurückgeführt werden kann. Spörer et al. (2007) konnten jedoch zeigen, dass der Leistungszuwachs im Leseverständnis tatsächlich auf die Beherrschung der Lesestrategien zurückzuführen ist. Sie fanden, dass lediglich die Strategie des Vorhersagens nichts Substanzielles zur Verbesserung des Leseverständnisses beitrug.

Brown und Palincsar (1989) haben die Ergebnisse von Studien, bei denen dieselben Lernstrategien (Zusammenfassen, Klären, Fragen und Vorhersagen) ohne kooperative Elemente vermittelt wurden, mit den Ergebnissen des reziproken Lehrens verglichen und gefunden, dass das reziproke Lehren signifikant bessere Leistungen bewirken konnte.

Es ist also davon auszugehen, dass die positiven Effekte des reziproken Lehrens auf eine Kombination von Verständnisstrategien und dem Prozess des reziproken Lehrens zurückgeführt werden können. Durch die Anwendung der Strategien wird die Aufmerksamkeit beim Lesen erhöht, der Leseprozess überwacht und reguliert und die Kooperation der Schüler führt durch das Diskutieren und Erklären des Textes zu einer tieferen Verarbeitung des Textinhalts.

Aufbauend auf die Aussagen von Brady vermuten Palincsar und Brown (1984), dass der Versuch mit Hilfe von Strategien den Text zu verstehen, wichtiger ist als die spezifischen Strategien an sich. Ausschlaggebend für die hohen Effekte des Programms sind demnach die Diskussionen innerhalb der Gruppe, die durch die Anwendung der Strategien strukturiert werden.

5.5.2 Weitere Gründe für die Effektivität

Brown und Palincsar (1989) schreiben, dass das kooperative Zusammenarbeiten der Gruppenmitglieder ein ideales Setting für leseschwache Schüler darstellt, um ihre Lesekompetenz zu verbessern, da die Mitglieder versuchen einen Konsens im Verständnis, der Relevanz und der Wichtigkeit des Textes zu entwickeln. Als weiteren Vorteil des reziproken Lehrens sehen sie, dass nicht nur eine Person für die Erschließung des Textinhalts verantwortlich ist: „The Group shares the responsibility for thinking and thus reduces the anxiety associated with keeping the argument going singlehandedly" (Pontecorvo, 1985, zit. nach Brown et al. 1994, S.416).

Renkl (1996) erklärt die positiven Effekte reziproken Lehrens folgendermaßen:
Die in Gruppeninteraktionen häufig auftretenden kognitiven Konflikte, ebenso wie das aktive Erklären von Sinnzusammenhängen, können dazu beitragen, dass die Gruppenmitglieder sich mit unterschiedlichen Sichtweisen auseinandersetzen, den eigenen Standpunkt elaborieren und somit ein tieferes Verständnis der bearbeiteten Inhalte entwickeln (S.82).

Auch Rosenshine et al. (1994) postulieren, dass konzeptuelle Veränderungen hauptsächlich durch das Erklären, Elaborieren und Verteidigen der eigenen Meinung gegen andere sowie gegen sich selbst bewirkt wird. Die Effektivität der Diskussion kann weiterhin darauf zurückgeführt werden, dass während der Diskussion, die verständnisfördernden und - überwachenden Aktivitäten, die sonst verdeckt (internal) durchgeführt werden, externalisiert werden und die schwachen Schüler sie Schritt für Schritt übernehmen können.

Brown et al. (1989) sprechen davon, dass die reziproken Dialoge eine Zone der proximalen Entwicklung bieten. Das bedeutet, dass die Schüler unabhängig von ihrem Kompetenzniveau an den Dialogen partizipieren können und dadurch in der Realisierung neuer Entwicklungszonen gefördert werden.

Zusätzlich können die Schüler sich auch an der Diskussion beteiligen, wenn das Niveau ihrer Aussagen noch nicht so hoch ist, da sie keine negativen Konsequenzen fürchten müssen. Die Beteiligung aller Schüler ermöglicht dem Lesetrainer die Kompetenz der Schüler einzuschätzen und individuelles Feedback zu geben, das dazu beitragen kann, die Schüler in ihrem Lernprozess zu fördern.

Ausschlaggebend für die positiven Effekte ist auch das Scaffolding. Durch das Modellieren der optimalen Strategienutzung sowie der Rolle des „guten Lehrers" verdeutlicht der Lesetrainer den Schülern, wie sie im Laufe des Interventionsprogramms arbeiten sollen und unterstützt sie solange, bis sie den Lernprozess selbst regulieren können.

5.6 Forschungsstand

Palincsar und Brown (1984) haben das reziproke Lehren entwickelt um das Leseverständnis von besonders leseschwachen Schülern zu fördern. Das ursprüngliche Programm war jedoch für homogene Gruppen entwickelt worden, die keine Defizite beim Dekodieren aufwiesen. Mittlerweile wurde erwiesen, dass auch leistungsstarke Schüler mit einem guten Leseverständnis von dem Lesetraining profitieren. Ebenso konnte gezeigt werden, dass reziprokes Lehren für alle Altersgruppen (ab 10 Jahren) sehr effektiv ist. Nur in niedrigeren Klassenstufen (<4. Klasse) ist die Effektivität des reziproken Lehrens noch nicht zuverlässig nachgewiesen worden.

Bis 1994 wurden die Probleme, die beim Vermitteln der Strategien auftreten, nur von wenigen Autoren diskutiert. Rosenshine et al. (1994) stellen Erkenntnisse von Brady dar, der kritisiert, dass die Schüler je nach Dichte des Texts häufig Probleme mit der Strategie „Klären" haben und das „Vorhersagen" nur möglich ist, wenn die Texte eine Kohärenz aufweisen. Als vorteilhaft ist jedoch zu werten, dass die Schüler durch das Anwenden des „Klärens" sich gegenseitig helfen und Unterstützung anbieten. Als die beiden stärksten Strategien sieht er (wie auch Palincsar & Brown, 1984) das „Zusammenfassen" und das „Fragen".

Spörer et al. (2007) konnten dokumentieren, dass der Leistungszuwachs im Leseverständnis im Wesentlichen auf drei Strategien (Fragen, Zusammenfassen, Klären) zurückzuführen ist. Ihre Studie ergab, dass das Vorhersagen nichts Substanzielles zur Verbesserung des Leseverständnisses beitrug. Die Autoren warnen jedoch davor, die Strategie verfrüht aus dem Trainingsprogramm zu entfernen und machen auf die Notwendigkeit weiterer Untersuchungen aufmerksam.

Spörer et al. (2007) haben in einer Studie das traditionelle reziproke Lehren mit einer abgewandelten Form, bei der die Schüler in Lerntandems (d.h. zu zweit) arbeiten, verglichen. Die Ergebnisse der Studie zeigten, dass sich bei beiden Formen des reziproken Lehrens das Leseverständnis der Schüler deutlich verbessert hat. Bei den Schülern, die an dem „traditionellen" Lesetraining teilnahmen, waren die positiven Effekte auf das Leseverständnis etwas höher als bei denjenigen, die an der anderen Variante teilnahmen. Die Autoren vermuten, dass dies darauf zurückzuführen sein kann, dass in den Lerntandems die Texte nicht so ausgiebig diskutiert werden konnten wie in den Kleingruppen, in denen mehrere Schüler ihr Wissen und ihre Ansichten in die Diskussion einbringen.

Die Aussage von Rosenshine und Meister (1994) darüber, dass die Gruppengröße keine Unterschiede im Ergebnis bewirkt, ist daher kritisch zu betrachten.

Reziprokes Lehren im Regelunterricht zu realisieren wird in der Literatur häufig als schwierig beschrieben (vgl. Spörer et al., 2007). Viele Grundschullehrer nehmen nach Hacker und Tenent (2002) Modifikationen der Methode vor, um sie den Erfordernissen des Regelunterrichts anzupassen. Marks et al. (1993) haben herausgefunden, dass manche Lehrer die Methode sogar so stark veränderten, dass zentrale Elemente des ursprünglichen Programms in der praktizierten Version gar nicht mehr enthalten sind.

5.7 Kooperative und selbstgesteuerte Elemente beim reziproken Lehren

Durch Dialog und Diskussion werden die Schüler dazu angeregt, ihr eigenes Lernen metakognitiv zu steuern und zu überwachen (vgl. Demmrich, 2004). Sie wenden die Lernstrategien an und überprüfen ständig, ob sie den Inhalt des Textes verstanden haben (vgl. Spörer et al., 2007). Das Anwenden von Strategien, das Überprüfen und die Regulation der Informationsverarbeitung, die metakognitive Steuerung des Lernens und die Regulation der Motivation sind Elemente des selbstgesteuerten Lernens.

Beim reziproken Lehren durchlaufen die Schüler einen Entwicklungsprozess, der mit der Beobachtung eines Modells beginnt, sich in der Nachahmung der beobachteten Handlungen fortsetzt und nach der „Überwindung" der Stufe der Selbstkontrolle letztendlich in Selbstregulation mündet (vgl. Spörer, 2003).

Das heißt, dass die Schüler in Kooperation mit ihren Mitschülern zunächst lernen ihren Lernprozess external zu regulieren, um irgendwann zu einer internalen Lernprozessregulation fähig zu sein.

Die Schüler arbeiten in kooperativen Kleingruppen zusammen. Positive Interdependenz wird beim reziproken Lehren durch eine Kombination von kooperativer Anreiz- und Aufgabenstruktur geschaffen. Das Ziel der Gruppenarbeit ist es das Leseverständnis aller Schüler zu verbessern. Dieses Ziel können die Gruppenmitglieder nur durch Kooperation mit den anderen und aktive Beteiligung an der Gruppenarbeit erreichen. Die positive Interdependenz wird durch die Rollenverteilung verstärkt. Jeder Schüler hat eine feste Rolle, weiß was von ihm verlangt wird und was er von den anderen Gruppenmitgliedern zu erwarten hat.

Weiterhin hat jedes Gruppenmitglied die Verantwortung dafür zu sorgen, dass es den Inhalt des gelesenen Textabschnitts versteht (individuelle Verantwortlichkeit) und die ganze Gruppe muss dafür sorgen, dass die Lernstrategien adäquat angewendet werden (Gruppenverantwortlichkeit).

Besonders bedeutsam beim reziproken Lehren ist die unterstützende Interaktion. Die Schüler unterstützen sich bei der Anwendung der Strategien, diskutieren die Anwendung und dezidieren gemeinsam das beste Ergebnis. Darüber hinaus gibt das „Lehrerkind" Feedback und lobt die Schüler, wodurch positives Verhalten verstärkt wird.

Zusätzlich werden die sozialen Kompetenzen der Schüler durch die Gruppenarbeit verbessert.

5.8 Synthese und Konsequenzen für die eigene Arbeit

Das reziproke Lehren wurde ursprünglich für Kleingruppeninterventionen entwickelt, bei denen der Lehrer die Schüler während des gesamten Ablaufs beobachtet, unterstützt und sie in ihrer Entwicklung fördert. Durch diese direkte und kontinuierliche Präsenz des Lehrers sind positive Effekte des Trainings leicht nachzuvollziehen, da er den Schülern anfangs als Modell dient, individuelles Feedback gibt, gegebenenfalls nachmodellieren und den Dialog mitgestalten kann.

Die von Rosenshine und Meister (1994) ermittelten Werte ergeben, dass reziprokes Lehren unabhängig von der Klassenstufe, der Anzahl der Trainingseinheiten, der Größe der Gruppe, der Anzahl der Strategien und der Expertise des Lesetrainers, positive Effekte auf das Leseverständnis bewirkt. Die Ergebnisse sind meiner Meinung nach jedoch kritisch zu betrachten, da besonders durch die Veränderung der Klassengröße erhebliche Unterschiede entstehen könnten. Die Annahme basiert darauf, dass das Prinzip des Scaffolding in Klassen mit Durchschnittsgrößen von 25 Schülern nicht so umgesetzt werden kann, wie es von Palincsar und Brown (1984) vorgesehen wurde. Der Lehrer könnte auf Grund der Anzahl der Gruppen nicht in der Lage sein, jedem Schüler individuelles Feedback zu geben, den Lernprozess jeder Gruppe zu beobachten und sie entsprechend zu unterstützen. Dies könnte dazu führen, dass den Schülern die Vorstellung der richtigen Strategieanwendung fehlt, die Strategien fehlerhaft angewendet werden, der Dialog nicht aufrechterhalten wird und dadurch die Gruppenarbeit nicht effektiv ist.

Ein weiteres Problem sehe ich darin, dass ein basales Fehlen von Motivation, insbesondere der Lesemotivation (vor allem der Jungen) ein Grund dafür sein könnte, dass in den Gruppen nicht effektiv gelernt wird.

In der folgenden empirischen Studie soll daher untersucht werden, ob es möglich ist, das reziproke Lehren in den Regelunterricht der Jahrgangsstufe 6 mit durchschnittlichen Klassenstärken von ca. 26 leistungsheterogenen Schülern zu implementieren, ob das Leseverständnis der Schüler verbessert wird, welche Schüler besonders von dem Lesetraining profitieren und welche Probleme bei der Durchführung auftreten.

EMPIRISCHER TEIL

6. Fragestellung und Hypothesen

Im theoretischen Teil wurde dargestellt, dass kooperative und selbstgesteuerte Lernformen und vor allem das reziproke Lehren effektive Methoden sind, um das Leseverständnis zu fördern. Im empirischen Teil dieser Untersuchung soll überprüft werden, ob eine Implementierung des reziproken Lehrens in den Regelunterricht möglich ist und ob das kompetente Lesen dadurch tatsächlich gefördert wird.

Kompetentes Lesen beinhaltet unter anderem die Faktoren Leseverständnis, Lesemotivation, Leseselbstwirksamkeit und Interesse an Sachtexten. Daher werden die Auswirkungen des reziproken Lehrens auf diese Faktoren genauer untersucht.

Wie bereits im theoretischen Teil erläutert wurde, kann davon ausgegangen werden, dass durch das reziproke Lehren das Leseverständnis gefördert und die Selbstwirksamkeit, die Lesemotivation sowie das Interesse an Sachtexten positiv beeinflusst werden. Um herauszufinden, für welche Schüler das reziproke Lehren am effektivsten ist, werden die Auswirkungen abhängig von Leistungsniveau und Geschlecht der Schüler analysiert.

7. Untersuchungsmethode

Im Folgenden werden die Stichprobe, das Untersuchungsdesign und der Trainingsablauf detailliert beschrieben, um einen Überblick über die Untersuchung zu vermitteln. Anschließend wird auf die verwendeten Tests und die zur Berechnung herangezogenen Mittel eingegangen.

7.1 Beschreibung der Stichprobe

An der Untersuchung nahmen insgesamt 55 Schüler aus zwei sechsten Klassen der Integrierten Gesamtschule *Busecker Tal* teil. 31 der teilnehmenden Schüler waren weiblich (56,4%) und 24 männlich (43,6%). Während 53 der Kinder in der Bundesrepublik Deutschland geboren und aufgewachsen sind, sind nur zwei in einem anderen Land geboren. Allerdings gaben von den 55 Schülern nur 35 (63,6%) an, zuhause ausschließlich Deutsch zu sprechen, 19 Schüler (34,6%) gaben an, zuhause Deutsch und eine weitere Sprache zu sprechen und ein Kind (1,8%) gab an, zuhause gar kein Deutsch zu sprechen. Dies zeigt, dass mindestens 20 Schüler (36,3%) aus Familien mit Migrationshintergrund stammen und neben Deutsch noch eine andere Sprache im Elternhaus sprechen.

Die Leistungen der Schüler im Fach Deutsch sind mit einem Notendurchschnitt von 3,0 eher durchschnittlich und fast die Hälfte der Schüler (45,4%) gab an, täglich nicht mehr als eine viertel Stunde zu ihrem Vergnügen zu lesen (davon lesen 8 gar nicht).

Die Schüler wurden auf der Grundlage der Ausgangswerte in einem standardisierten Leseverständnistest (siehe 8.4.3) in leistungsheterogene Mädchen- und Jungengruppen von vier bis fünf Schülern eingeteilt. Beim Einteilen der Gruppen wurde darauf geachtet, dass jede Gruppe annähernd denselben Durchschnittswert – bezogen auf das Leseverständnis – hat und dass in jeder Gruppe ein sehr lesestarker und ein sehr leseschwacher Schüler sind.

Von den 55 Schülern wurden 46 in die Berechnung einbezogen. Dies lag daran, dass nicht alle am Prä- und am Posttest teilnahmen und somit die benötigten Werte nicht ermittelt werden konnten. Von den 46 Schülern, deren Ergebnisse mit in die Berechnung eingingen, waren 26 weiblich (56,5%) und 20 männlich (43,5%), sodass sich an der prozentualen Verteilung nichts änderte.

7.2 Das Training

7.2.1 Zeitlicher Ablauf des Trainings

In der ersten Augustwoche wurde in beiden Klassen ein Prätest durchgeführt. Am Mittwoch, dem 13.08.2008 begann das Training. In jeder Klasse fanden sieben Wochen lang zwei Trainingsstunden (je 45 Minuten) pro Woche statt. Insgesamt umfasste das Training somit 14 Schulstunden pro Klasse.

In beiden Klassen wurden die Trainingssitzungen mittwochs und freitags in einer Deutschstunde durchgeführt. Am Freitag, dem 26.09.2008 fand die letzte Trainingsstunde statt und am Mittwoch, dem 01.10.2008 wurde in beiden Klassen der Posttest durchgeführt.

7.2.2 Inhaltlicher Ablauf des Trainings

Abb. 4: Trainerleitfaden

Trainingsstunde	Inhalt	Zeitrahmen
	Prätest	90 Min.
1	A. Vorstellung	5 Min.
	B. Organisatorisches	2 Min.
	C. Motivationsklärung	5 Min.
	D. Einführung der Strategien	32 Min.
2	A. Wiederholung der Strategien	10 Min.
	B. Einführung in reziprokes Lernen	10 Min.
	C. Wie gibt man Lesetipps?	10 Min.
	D. Demonstration der Lehrerkindrolle	15 Min.
3	A. Wiederholen der Strategien und Verhaltensregeln	5 Min.
	B. Textauswahl vorstellen	5 Min.
	C. Üben der Strategien in Kleingruppen	30 Min.
	D. Feedback von Kindern und TrainerIn	5 Min.
4 - 14	A. Wiederholen der Strategien und Verhaltensregeln	2 Min.
	B. Textauswahl vorstellen	5 Min.
	C. Üben der Strategien in Kleingruppen	30 Min.
	D. Feedback von Kindern und TrainerIn	5 Min.
	Posttest	90 Min.

Der inhaltliche Ablauf des Trainings war durch den Trainerleitfaden (siehe Abb. 4) vorgegeben und soll im Folgenden detailliert dargestellt werden.

1) **Prätest** (vor Beginn der ersten Woche)

2) **Trainingsstunde 1** (Woche 1)

In der ersten Trainingsstunde ging es zunächst darum, sich bei den Schülern vorzustellen und die Schüler kennen zu lernen. Für jedes Kind wurde ein Namensschild vorbereitet, welches dem Trainer erleichtern sollte, die Namen der Kinder möglichst schnell zu lernen.

Im Anschluss wurden organisatorische Dinge geklärt. Den Schülern wurde mitgeteilt, wie das Training abläuft und an welchen Tagen es stattfindet. Um den Schülern die Möglichkeit zu geben eine Übersicht zu bekommen, wurde ihnen eine Stundenübersicht ausgehändigt. Auf dieser Stundenübersicht waren 14 Felder vorhanden, die für jede erfolgreiche Teilnahme mit einem Stempel versehen wurden. Die Stundenübersicht wurde zusammen mit einer Mappe ausgehändigt, in der sie alle Materialien, die sie im Laufe des Lesetrainings erhalten würden, abheften konnten. In der Mappe befand sich bereits ein „Spickzettel", welcher die wichtigsten Aufgaben des Lehrerkinds darstellte und die Schüler beim Einnehmen der Lehrerrolle anleiten und unterstützen sollte.

Im Anschluss an die organisatorischen Maßnahmen sollte die Motivation der Schüler geweckt werden. Dafür wurde gemeinsam erarbeitet, warum ein gutes Textverständnis wichtig ist. Das Ziel war es, den Schülern bewusst zu machen, warum und wann es wichtig ist Texte gut zu verstehen und zu behalten. Weiterhin sollte geklärt werden, welche Gründe es dafür gibt, dass es Lesern manchmal schwer fällt zu verstehen was sie lesen. Dies sollte den Schülern vor Augen führen, welche Schwierigkeiten beim sinnverstehenden Lesen auftreten können. Im Anschluss wies der Trainer darauf hin, dass man sich beim Lesen konzentrieren muss und dass die Schüler dies im Laufe des Trainings lernen werden.

Im restlichen Verlauf der Stunde (ca. 30 Min.) wurden die Strategien vorgestellt und besprochen. Zuerst sollten die Schüler ihr Wissen über Strategien und deren Nutzung explizieren. Anschließend wurden die vier Strategien vorgestellt und Lesezeichen ausgeteilt, auf denen die Strategien abgebildet waren.

Danach wurden die Strategien detailliert besprochen und der Nutzen der Anwendung geklärt. Begleitend hierzu wurden Texte ausgeteilt, um die Strategien an einem Textausschnitt anwenden zu können. Der Trainer modellierte die Strategieanwendung und verbalisierte dabei seine handlungsleitenden Gedanken. Anschließend sollten die Schüler die Strategien selbst auf den gelesenen Textabschnitt anwenden. Der Trainer gab den Schülern Rückmeldungen und Tipps zur Verbesserung. Die Strategie Zusammenfassen wurde am ausführlichsten (ca. 10 Min.) besprochen, da der Trainer den Schülern vermitteln musste, welche Schritte beim Zusammenfassen eines Textes beachtet werden müssen.

Am Ende des Trainings wurden die ersten Anwesenheitsstempel verteilt.

3) **Trainingsstunde 2** (Woche 1)

Zu Beginn der Stunde wurden alle Strategien ausführlich wiederholt (ca. 10 Min.). Der Trainer erarbeitete mit den Schülern, was ein Ritual ausmacht und erklärte, dass das gemeinsame Lesetraining immer mit einem Ritual beginnt, bei dem es darum geht, die Strategien und Gruppenregeln zu wiederholen.

Anschließend wurde den Schülern erklärt, dass sie während des Trainings in Kleingruppen zusammenarbeiten. Konkret wurde ihnen die Festlegung auf die Rolle des „Lehrers" bzw. eines „Schülers" innerhalb der Kleingruppen nähergebracht.

Um das Verhalten während der Gruppenarbeitsphasen zu regeln, sollten die Schüler Regeln aufstellen. Diese sollten für alle gültig sein. Der Trainer notierte die Vorschläge der Schüler an der Tafel. Nachdem die Schüler die wichtigsten Punkte genannt hatten, fasste der Trainer sie zusammen und dokumentierte sie, um sie zuhause verschriftlichen zu können.

Danach ging der Trainer auf die Rollen während der Gruppenarbeit ein. Er erläuterte sowohl die Aufgaben und Pflichten des Lehrerkinds als auch die der Schülerkinder und erklärte den Schülern, dass für jeden Absatz ein anderes Kind die Rolle des Lehrers übernehmen darf. Danach erläuterte er den Schülern die reziproken Dialoge und verdeutlichte den hohen Stellenwert der Aufgaben des Lehrerkinds.

Um einen Überblick über den Durchlauf vermitteln zu können, erklärte der Trainer die Vorgehensweise. Diese besteht darin, zuerst einen Absatz zu lesen, um auf diesen anschließend die vier Strategien anzuwenden.

Die nächste Aufgabe bestand darin, den Schülern zu vermitteln, wie man sinnvolle Lesetipps gibt. Der Trainer machte die Schüler darauf aufmerksam, wie wichtig es ist, in der Rolle des Lehrerkinds jedem Schülerkind nach dem Anwenden einer Strategie Tipps zu geben, die ihm helfen, sich zu verbessern. Der Trainer ließ die Kinder Vorschläge machen, welche Tipps hinsichtlich der Anwendung einzelner Strategien gegeben werden können. Für jede Strategie notierte er die seiner Meinung nach zwei besten Tipps an der Tafel. Zuletzt instruierte der Trainer die Schüler, in der Lehrerrolle stets eine gute und eine weniger gute Leistung des Schülerkindes hervorzuheben. Der Trainer dokumentierte das Tafelbild, um die gesammelten Lesetipps bis zur nächsten Stunde für die Schüler ausarbeiten zu können.

In den letzten 15 Minuten der Stunde wurde die Rolle des Lehrerkinds demonstriert. Dazu modellierte zunächst der Trainer die Rolle des Lehrerkinds, während alle Schüler die Rolle der Schülerkinder übernahmen. Dabei achtete er darauf, seine handlungsleitenden Gedanken zu verbalisieren, um den Schülern bewusst zu machen, welche Entscheidungen sie als Lehrerkind treffen müssen.

Nachdem der Trainer die Rolle des Lehrerkinds für einen Absatz modelliert hatte, bat er einen Schüler nach vorne zu kommen, um die Rolle des Lehrerkinds für den nächsten Absatz zu übernehmen. Dabei achtete er auf die korrekte Anwendung der Strategien und die Einhaltung der Trainingsregeln. Er gab zudem Hilfestellung und würdigte die Leistung des Lehrerkinds.

Am Ende des Trainings wurden die Anwesenheitsstempel verteilt.

4) Trainingsstunde 3 (Woche 2)

Die dritte Trainingsstunde wurde mit dem Einstiegsritual begonnen. Ein Schüler wiederholte die Lesestrategien und ein weiterer die Gruppenregeln. Der Trainer ergänzte bzw. gab Hilfestellungen, sofern Schwierigkeiten auftraten und lobte die Schüler. Anschließend verteilte er Blätter, auf denen die gemeinsam erarbeiteten Gruppenregeln anschaulich dargestellt waren.

Im weiteren Verlauf der Stunde sollten die Schüler erstmals in ihren Gruppen zusammenarbeiten. Der Trainer gab die Gruppeneinteilung bekannt und unterstützte die Schüler beim Bilden der Gruppentische. Nachdem sich die einzelnen Gruppen an ihren Tischen versammelt hatten, teilte der Trainer die Blätter mit den Lesetipps aus. Anschließend wurden die drei Texte vorgestellt und gemeinsam besprochen. Als sich jede Gruppe für einen der Texte entschieden hatte, bestimmte der Trainer in jeder Gruppe einen Schüler, der die Rolle des Lehrerkinds übernehmen sollte, indem er ihm das Lehrerkärtchen zuteilte. Er erinnerte die Kinder an den Ablauf und bat die Schüler sich zu melden, wenn Probleme auftraten.

Während der Gruppenarbeitsphase (ca. 30 min) verfolgte der Trainer die Gruppenarbeit und griff ein, wenn Probleme hinsichtlich der Strategieanwendung oder Unstimmigkeiten zwischen den Schülern entstanden.

Am Ende der Stunde wurden die Schüler aufgefordert, sich zu dem gelesenen Text zu äußern. Der Trainer fragte, ob der Text ihnen zusagte. Zusätzlich sollten sie Aussagen zum Verständnis und Schwierigkeitsgrad der Texte treffen. Anschließend gab der Trainer den Schülern eine Rückmeldung zur Zusammenarbeit in den Gruppen, gab Tipps zur Verbesserung der Effektivität der Zusammenarbeit und würdigte die Leistung der Schüler (ca. 5 Min.).

Am Ende des Trainings wurden die Anwesenheitsstempel verteilt.

5) **Trainingsstunde 4 bis 14** (Woche 3 bis 7)

Die folgenden Trainingsstunden waren inhaltlich identisch.

Am Anfang der Stunde rückten die Schüler ihre Tische zusammen, um gemeinsam daran arbeiten zu können und nahmen ihre vorgegebenen Plätze ein. Danach wurde mit dem Einstiegsritual begonnen, um den Schülern die Lesestrategien und die Gruppenregeln ins Gedächtnis zu rufen und sie auf das Lesetraining einzustimmen (ca. 2 Min.).

Im Anschluss daran stellte der Trainer die drei Texte vor, indem er den Schülern die Überschrift vorlas. Die Schüler sollten artikulieren, was sie schon zu den Themen wissen und vorhersagen, um was es in den Texten gehen könnte. Dadurch sollte das Vorwissen der Schüler aktiviert werden und das Interesse am Lesen der Texte gesteigert werden (ca. 5 Min.).

Nachdem sich die Gruppen für einen der drei Texte entschieden hatten, holte ein Mitglied der Gruppe den Text und das Lehrerkärtchen bei dem Trainer ab und es wurde damit begonnen, den Text zu bearbeiten (ca. 30 Min.). Der Trainer unterstützte die Schüler besonders am Anfang bei der Anwendung der Strategien und gab ihnen viele Rückmeldungen, trat aber im Laufe des Trainings immer mehr in den Hintergrund.

Am Ende jeder Trainingsstunde gaben die Schüler dem Trainer Feedback zum gelesenen Text. Der Trainer kommentierte den Ablauf, die Zusammenarbeit und die Lernfortschritte (ca. 5 Min.).

Die Schüler erhielten am Ende der Trainingsstunde den Anwesenheitsstempel.

6) **Posttest** (erste Woche nach dem Training)

Der Posttest wurde in der ersten Woche nach der letzten Trainingssitzung durchgeführt. Nachdem alle Schüler die Bearbeitung des Tests beendet hatten, fand ein abschließendes Gespräch mit den Schülern statt. Darüber hinaus präsentierte der Trainer noch eine Überraschung und verlieh „Lesediplome" des Fachbereichs Psychologie der Universität Gießen.

7.3 Materialien und Testvariablen

Nachfolgend werden die in der Studie verwendeten Texte, die Testvariablen und deren Messung detailliert beschrieben.

7.3.1 Trainingstexte

Die im Lesetraining verwendeten Texte stammen aus der Zeitschrift Geolino. Geolino ist eine eigenständige Zeitschriftenreihe, die zur Marke GEO gehört und im *Gruner und Jahr Verlag* herausgegeben wird. Die Texte sind für Kinder zwischen 8 und 14 Jahren konzipiert und vermitteln Wissen aus den Bereichen Natur, Mensch und Technik.

Die Texte wurden im Voraus so bearbeitet, dass nur minimale Unterschiede hinsichtlich Länge der Absätze und Formatierung vorhanden waren. Die Texte waren jedoch unterschiedlich lang und somit entweder auf einer oder auf zwei DIN A4 Seiten abgedruckt.

Pro Unterrichtsstunde wurden den Schülern drei Texte zur Verfügung gestellt, aus denen sie einen auswählen konnten, der ihrem Interesse entsprach. Insgesamt hatte der Trainer 25 Texte zur Verfügung. Die Auswahl der Texte für die letzten drei Sitzungen musste deshalb so gestaltet werden, dass jede Gruppe mindestens zwei der drei Texte noch nicht gelesen hatte.

7.3.2 Testmaterialien im Überblick

Prätest und Posttest enthielten identische Aufgabentypen, um Veränderungen der untersuchten Variablen analysieren zu können. Die einzelnen Tests waren zu einem Teil standardisiert und zum anderen selbst konzipiert.

Beim Prätest wurden außerdem biographische Daten abgefragt, die Angabe der Deutschnote und Angaben zur Lesehäufigkeit verlangt. Der Posttest enthielt darüber hinaus Fragen zur Evaluation des Trainings.

Die für diese Untersuchung relevanten Tests zielten auf das Leseverständnis, die Lesemotivation, die Leseselbstwirksamkeit und das Interesse an Sachtexten ab und werden im Folgenden detailliert beschrieben.

7.3.3 Leseverständnis

Das Leseverständnis wurde mit dem Frankfurter Leseverständnistest für 5. und 6. Klassen (FLVT 5-6) gemessen (vgl. Souvignier, Trenk-Hinterberger, Adam-Schwebe & Gold, 2008).

Der FLVT 5-6 besteht aus zwei Testteilen mit jeweils 18 Testfragen zu einem narrativen Text und einem Sachtext. Die 18 Testfragen zielen je zur Hälfte auf textimmanente und auf wissensbasierte Verständnisleistungen ab.

Beide Texte weisen eine Länge von ca. 570 Wörtern auf. Die Fragen sind als Multiple-Choice-Aufgaben konzipiert.

Den FLVT 5-6 gibt es in zwei Parallelformen (A und B). In dieser Studie wurden für Prä- und Posttest die Sachtexte beider Parallelformen genutzt. Die Bearbeitungszeit für einen Text liegt bei 20 Minuten.

Für die Auswertung der Tests wurde für jede korrekt bearbeitete Aufgabe ein Rohpunkt vergeben. Die Interpretation kann über Normwerte und/oder über eine Zuordnung zu einer Kompetenzstufe des Leseverständnisses erfolgen. In dieser Studie erfolgte die Interpretation über die Normwerte (T-Werte). Den Schülern wurden dabei mit Hilfe einer Tabelle, den erzielten Rohpunkten entsprechend, T-Werte zwischen 25,5 und 70,9 zugeordnet.

Um die Auswirkungen des Trainings auf leseschwache und lesestarke Schüler genauer analysieren zu können, wurden die Schüler anhand der im FLVT 5-6 (Prätest) erreichten T-Werte in schwache und starke Leser unterteilt. Schüler mit einem T-Wert unter 50 Punkten wurden als schwache, solche mit einem T-Wert über 50 Punkten als starke Leser eingestuft. 25 der Schüler sind der Einteilung nach als schwache und 21 als starke Leser einzustufen.

Souvignier et al. (2008) geben an, dass Durchführungs- und Auswertungsobjektivität durch sachgerechte Anwendung gewährleistet werden. Die interne Konsistenz für die Testform A liegt bei $\alpha = .88$, für die Testform B bei $\alpha = .86$. Die Validität des FLVT 5-6 ist theoretisch gut begründet und empirisch hinreichend belegt.

7.3.4 Lesemotivation

Die intrinsische Lesemotivation wurde mit Hilfe von einem selbstentwickelten Test ermittelt. Der Test bestand aus sechs selbstkonstruierten Items (Aussagen) (z.B.: Ich freue mich, wenn ich ein Buch geschenkt bekomme), welche die Schüler bewerten sollten. Dazu hatten sie eine vierstufige Skala vorgegebener Antwortmöglichkeiten (stimmt überhaupt nicht; stimmt eher nicht; stimmt eher & stimmt ganz genau) zur Verfügung. Für jede Aussage sollte jeweils eine Antwortmöglichkeit ausgewählt werden. Die Auswertung erfolgte über ein Ranking im Bereich von 0 bis 3. Dabei entsprach die Antwort „stimmt überhaupt nicht" der 0 und die Antwort „stimmt ganz genau" der 3.

Zwei der sechs Aussagen waren negativ formuliert (z.B.: Ich lese nur, wenn ich muss). Die Antworten auf diese Aussagen wurden rekodiert, sodass durch die Mittelwertbildung ein aussagekräftiger Wert (zwischen 0 und 3) über die Lesemotivation erhalten werden konnte.

7.3.5 Selbstwirksamkeit

Die Leseselbstwirksamkeit wurde analog zur Lesemotivation mit einem selbstentwickelten Test gemessen. Auch hier mussten die Schüler mehrere Aussagen (z.B.: Ich bin überzeugt davon, dass ich auch komplizierte Texte verstehen kann) mit einer von vier vorgegebenen Antwortmöglichkeiten (analog 7.3.4) bewerten. Insgesamt wurden 10 Aussagen entwickelt, die alle positiv formuliert waren. Es war demnach keine Rekodierung erforderlich und das Ergebnis konnte ohne weiteres durch die Mittelwertbildung ermittelt werden.

7.3.6 Interesse an Sachtexten

Um das Interesse an Sachtexten zu ermitteln, wurde ein mit 7.3.4 identisches Verfahren angewandt. Die Schüler sollten 8 Aussagen (z.b.: Ich lese gerne Sachtexte) anhand von (den in 7.3.4 dargestellten) vier Antwortmöglichkeiten bewerten. Zwei der 8 Aussagen waren negativ formuliert (z.b.: Ich lese Sachtexte nur, wenn ich muss). Wie in 7.3.4 beschrieben, mussten die Schülerbewertungen dieser beiden Aussagen rekodiert werden, damit der Mittelwert aller Items als anschauliches Ergebnis berechnet werden konnte.

8. Ergebnisse

Zur Überprüfung der Wirksamkeit des Trainings wurde das Leseverständnis, die Lesemotivation, die Selbstwirksamkeit und das Interesse an Sachtexten zu beiden Messzeitpunkten analysiert und miteinander verglichen. Die Ergebnisse der Untersuchung werden im Folgenden dargestellt, wobei sich die Gliederung an den untersuchten Variablen orientiert. Dabei werden zunächst die Ergebnisse der gesamten Untersuchungsgruppe erläutert und anschließend die Ergebnisse in Abhängigkeit von Geschlecht und Leistungsniveau detailliert beschrieben.

8.1 Leseverständnis

Abb. 5: Leseverständnis insgesamt

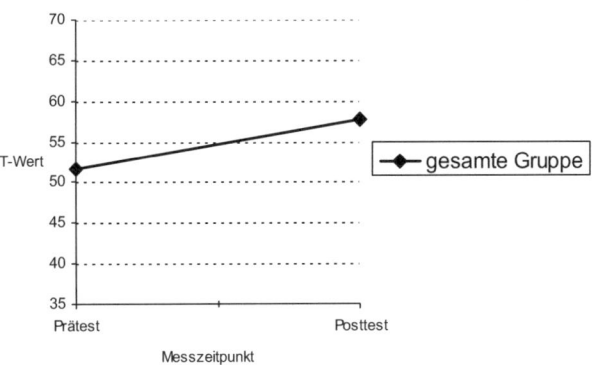

Abbildung 5 zeigt den durchschnittlich erreichten T-Wert aller Teilnehmer im Prätest-Posttestvergleich. Das Diagramm verdeutlicht, dass der durchschnittlich erreichte T-Wert des Posttests (57.63) mit einer Steigerung von ca. 6 Punkten wesentlich höher ist als der des Prätests (51.67). Die Steigerung weist zwar nur auf einen mittleren Effekt hin, zeigt jedoch die signifikante Steigerung des Leseverständnisses durch das Training auf.

Um genauere Aussagen über die Wirksamkeit des Lesetrainings auf das Leseverständnis treffen zu können, werden nun die Effekte in Abhängigkeit von Geschlecht und Leistungsniveau analysiert.

8.1.1 Leseverständnis in Abhängigkeit vom Geschlecht

Abb. 6: Leseverständnis als Funktion von Messzeitpunkt und Geschlecht

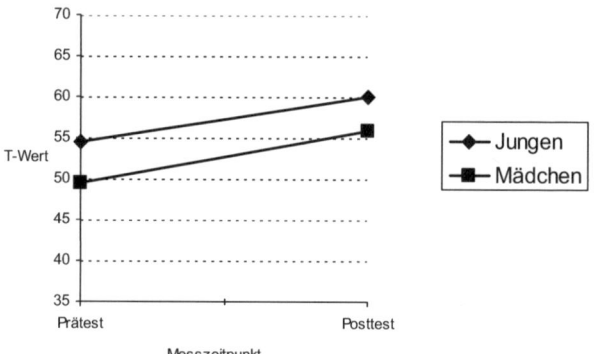

Die in Abbildung 6 aufgeführten Ergebnisse zeigen den geschlechtspezifischen Unterschied des Leseverständnisses im Prätest. Die Jungen wiesen im Prätest mit einem durchschnittlichen T-Wert von 54.53 ein deutlich höheres Leseverständnis auf als die Mädchen mit einem durchschnittlichen T-Wert von 49.48.

Die Ergebnisse des Posttests verdeutlichen die Steigerung im Leseverständnis der Jungen um ca. 5.5 Punkte und ca. 6 Punkte bei den Mädchen. Die Steigerung von ca. .55 bei den Jungen und ca. .60 bei den Mädchen indizieren einen mittleren Effekt und weisen auf eine signifikante Verbesserung des Leseverständnisses bei beiden Geschlechtern hin. Da sich das Leseverständnis der Jungen und Mädchen gleichermaßen verbessert hat, ergaben sich keine signifikanten Unterschiede zwischen beiden Geschlechtern (siehe Abb. 6).

8.1.2 Leseverständnis in Abhängigkeit von dem Leistungsniveau

Abb. 7: Leseverständnis als Funktion von Messzeitpunkt und Leistungsniveau

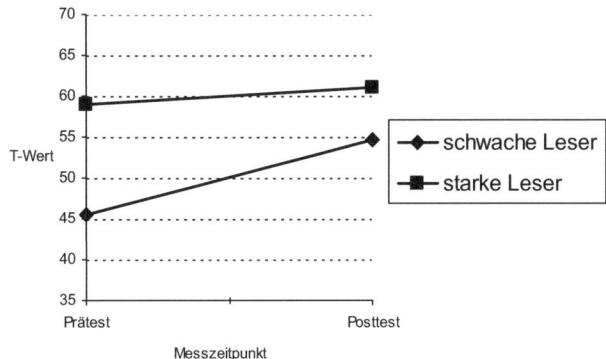

Die Ergebnisse aus Abbildung 7 zeigen das deutlich schlechtere Abschneiden der schwachen Leser mit einem durchschnittlichen T-Wert von 45.56 im Prätest gegenüber den starken Lesern, die einen durchschnittlichen T-Wert von 58.95 erreichten. Der Prätest-Posttestvergleich zeigt die Verbesserung der schwachen Schüler um ca. 9 Punkte auf, was annähernd einer Standardabweichung von .90 entspricht. Die starken Schüler konnten sich um 2 Punkte verbessern, was annähernd einer Standardabweichung von .20 entspricht.

Die Werte sind ein Beleg für die signifikante Verbesserung der Leistung beider Gruppen. Bei der Gruppe der schwachen Leser ist die Effektstärke mit d=.90 sehr hoch, während die Effektstärke bei der Gruppe der starken Leser mit d=.20 eher niedrig ist.

Der Vergleich beider Gruppen verdeutlicht einen signifikanten Gruppenunterschied, wobei die schwachen Leser stärker von dem Lesetraining profitieren.

8.2 Lesemotivation

Abb. 8: Lesemotivation insgesamt

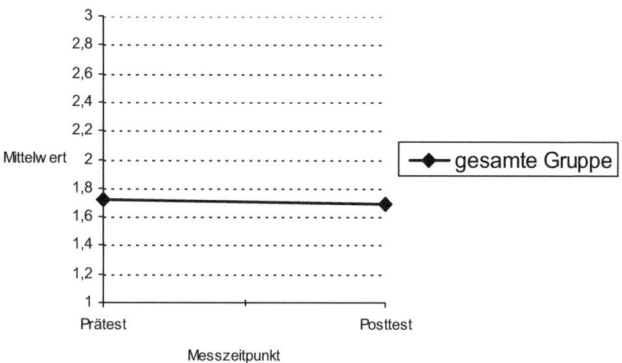

In Abbildung 8 ist keine signifikante Änderung des Mittelwerts zu beobachten. Dieser Umstand weist darauf hin, dass das Lesetraining die Lesemotivation der Schüler weder gefördert noch beeinträchtigt hat.

8.2.1 Lesemotivation in Abhängigkeit vom Geschlecht

Abb. 9 : Lesemotivation als Funktion von Messzeitpunkt und Geschlecht

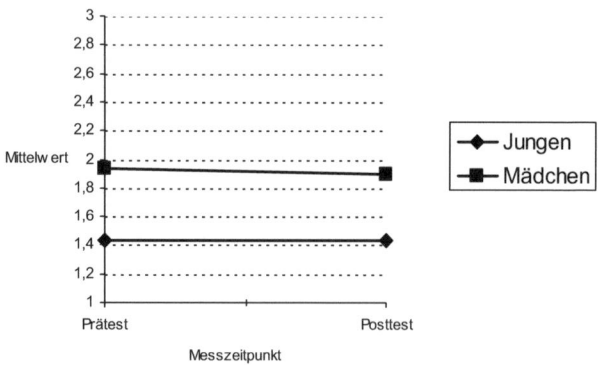

Die Auswertung der Tests veranschaulicht die im Vergleich zu den Mädchen deutlich geringere intrinsische Motivation der Jungen zu Beginn und am Ende des Trainings. Abbildung 9 belegt keine signifikanten Veränderungen der intrinsischen Motivation beider Geschlechter. Da weder bei den Jungen noch bei den Mädchen Veränderungen festgestellt werden konnten, gibt es keinen signifikanten Gruppenunterschied.

8.2.2 Lesemotivation in Abhängigkeit vom Leistungsniveau

Abb. 10: Lesemotivation als Funktion von Messzeitpunkt und Leistungsniveau

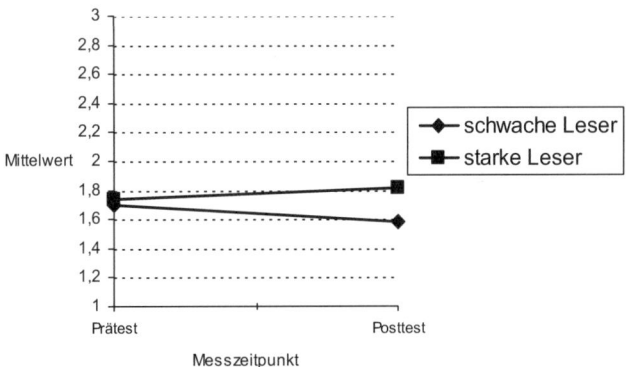

Abbildung 10 zeigt weder bei den starken noch bei den schwachen Lesern signifikante Veränderungen der intrinsichen Motivation im Laufe des Trainings. Bei genauerer Betrachtung fällt jedoch auf, dass die intrinsische Motivation der starken Leser leicht gestiegen ist, während die der schwachen Leser leicht gesunken ist. Der Vergleich der Auswirkungen des Trainings auf beide Gruppen ergab einen signifikanten Gruppenunterschied.

8.3 Selbstwirksamkeit

Abb. 11: Selbstwirksamkeit insgesamt

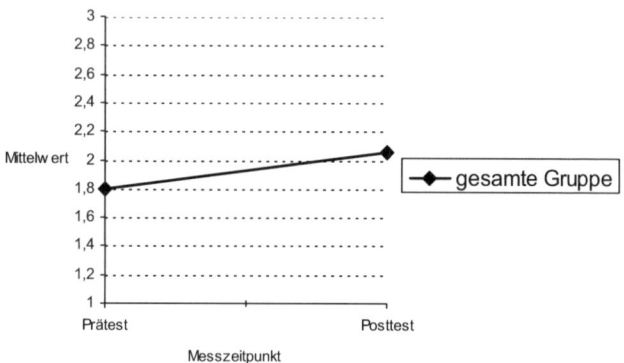

Aus dem Prätest-Posttestvergleich der gesamten Gruppe ergibt sich eine Steigerung des Mittelwerts von 1.80 auf 2.05. Dies entspricht einer signifikanten Steigerung der Selbstwirksamkeit.

8.3.1 Selbstwirksamkeit in Abhängigkeit vom Geschlecht

Abb. 12: Selbstwirksamkeit als Funktion von Messzeitpunkt und Geschlecht

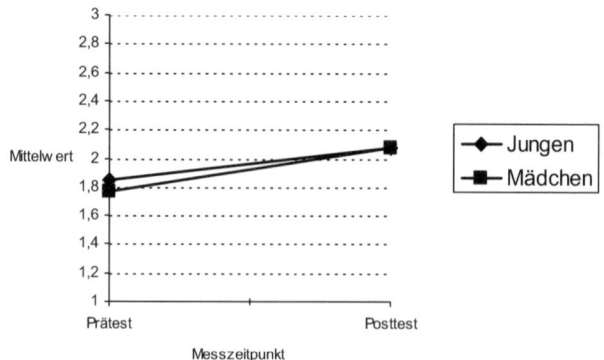

Der Vergleich der Prätest- und Posttestwerte der Jungen und Mädchen dokumentiert eine signifikante Verbesserung der Selbstwirksamkeit beider Gruppen. Obwohl der Prätestwert der Mädchen mit 1.77 unter dem der Jungen (1.85) lag und die Selbstwirksamkeit der Mädchen beim Posttest mit 2.07 etwas höher war als die der Jungen (2.02), ergaben sich keine signifikanten Gruppenunterschiede.

8.3.2 Selbstwirksamkeit in Abhängigkeit vom Leistungsniveau

Abb. 13: Selbstwirksamkeit als Funktion von Messzeitpunkt und Leistungsniveau

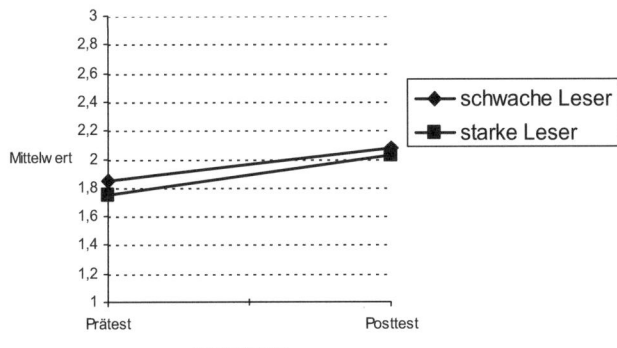

Der Prätest-Posttestvergleich in Abhängigkeit von dem Leistungsniveau der Schüler belegt eine signifikante Steigerung der Selbstwirksamkeit sowohl der starken als auch der schwachen Leser. Ein signifikanter Gruppenunterschied ergab sich auch hier nicht.

Der Vergleich beider Gruppen zeigt interessanterweise auf, dass die Selbstwirksamkeitseinschätzung der schwachen Leser höher ist als die der starken Leser.

8.4 Interesse an Sachtexten

Abb. 14: Interesse an Sachtexten insgesamt

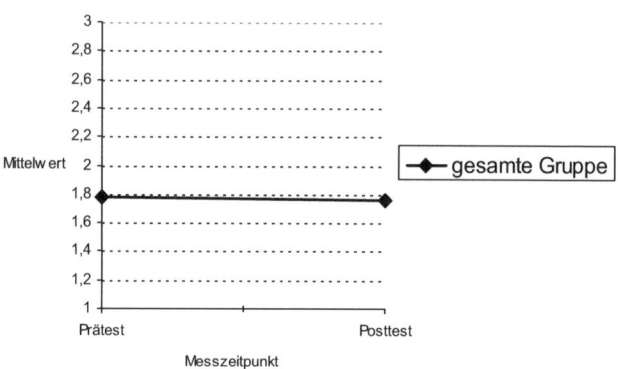

Der Prätest-Posttestvergleich bezogen auf das Interesse an Sachtexten ergab keine signifikanten Veränderungen. Bei genauerer Betrachtung könnte eine leicht fallende Tendenz festgestellt werden.

8.4.1 Interesse an Sachtexten in Abhängigkeit vom Geschlecht

Abb. 15: Interesse an Sachtexten als Funktion von Messzeitpunkt und Geschlecht

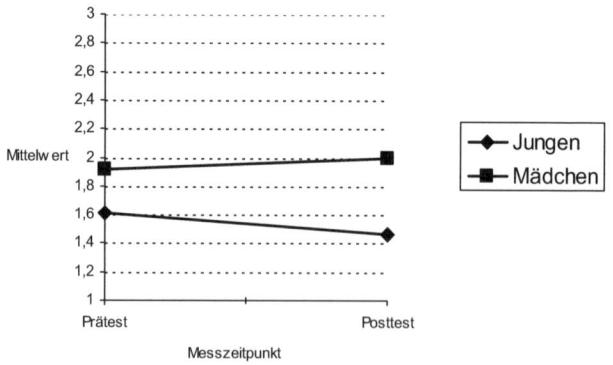

Der Vergleich der Auswirkungen des Trainings auf das Interesse an Sachtexten der beiden Geschlechter ergab keine signifikanten Unterschiede in Bezug auf den Messzeitpunkt. Aus Abbildung 15 ist jedoch eine Steigerung des Interesses an Sachtexten der Mädchen von 1.92 auf 1.97 ersichtlich, während das der Jungen von 1.61 auf 1.46 gefallen ist. Die Auswertung ergab einen signifikanten Gruppenunterschied.

8.4.2 Interesse an Sachtexten in Abhängigkeit vom Leistungsniveau

Abb. 16: Interesse an Sachtexten als Funktion von Messzeitpunkt und Leistungsniveau

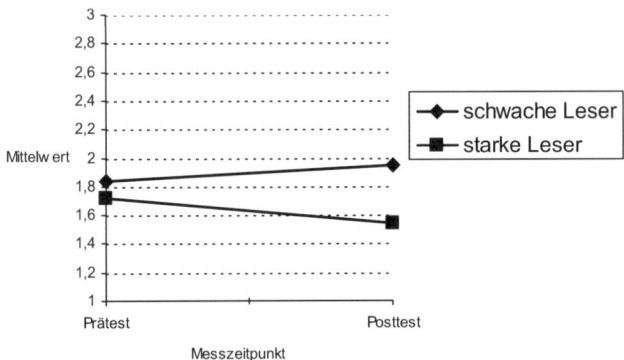

Die Entwicklung des Interesses an Sachtexten der starken und schwachen Schüler ergibt ähnliche Ergebnisse wie der Vergleich zwischen den Geschlechtern. Die Veränderungen des Interesses an Sachtexten sind bei beiden Gruppen nicht signifikant. Während sich das Interesse an Sachtexten der schwachen Leser von 1.83 auf 1.95 leicht erhöht hat, ist das der starken Schüler von 1.72 auf 1.54 gesunken. Der Vergleich beider Gruppen ergab einen signifikanten Gruppenunterschied.

9. Diskussion

Ziel der Untersuchung war es zu prüfen, ob reziprokes Lehren für die Implementierung in den Regelunterricht geeignet ist, die Wirksamkeit des reziproken Lehrens in sechsten Klassen zu untersuchen und das Leseverständnis der teilnehmenden Schüler zu fördern. Daneben sollten die Auswirkungen des Trainings auf die Selbstwirksamkeit, die Lesemotivation und das Interesse an Sachtexten untersucht werden.

9.1 Trainingseffekte

Die Ergebnisse der Untersuchung belegen die Möglichkeit, das reziproke Lehren erfolgreich in den Regelunterricht implentieren und das Leseverständnis der Schüler der Klassenstufe 6 effektiv fördern zu können.

9.1.1 Leseverständnis

Betrachtet man die Entwicklung des Leseverständnisses der gesamten Untersuchungsgruppe, ergibt sich ein signifikanter Effekt. Bei genauerer Betrachtung der Ergebnisse wird deutlich, dass das Training bei Jungen und Mädchen gleichermaßen zu positiven Effekten geführt hat und somit für beide Geschlechter geeignet ist. Interessanterweise ist das für die Jungen ermittelte durchschnittliche Leseverständnis höher als das der Mädchen. Dies steht im Gegensatz zu Ergebnissen der PISA-Studie, die ein generell höheres Leseverständnis und eine höhere Lesemotivation der Mädchen aufgezeigt haben. Eine mögliche Ursache dafür ist der höhere Anteil an Familien mit Migrationshintergrund bei den Mädchen.

Nach Schreblowski (2003) führt intrinsische Motivation zu einer Steigerung der Leseaktivität und der Fähigkeit, den Inhalt des Gelesenen besser zu verarbeiten. Vor diesem Hintergrund ist es verwunderlich, dass die Mädchen trotz höherer Lesemotivation ein geringeres Leseverständnis aufweisen als die Jungen.

Ein wesentliches Ergebnis, das auch in der Metaanalyse von Rosenshine und Brown (1994) gefunden wurde, hat sich auch in dieser Untersuchung bestätigt. Die schwachen Leser profitieren in höherem Maße von dem Training als die starken Leser. Das durchschnittliche Leseverständnis der schwachen Leser ist jedoch auch nach dem Training immer noch niedriger als das der starken. Es konnten jedoch große Rückstände aufgeholt werden.

Die positiven Effekte des Trainings können auf eine Reihe von Faktoren zurückgeführt werden, wobei letztendlich nicht genau bestimmt werden kann, welchen Beitrag die einzelnen Faktoren geleistet haben. Da ein geringes Leseverständnis auf einem Mangel an kognitiven Strategien und metakognitiver Kontrolle beruht, könnte die Förderung des Leseverständnisses auf die Vermittlung der Strategien und die externale Regulierung des Lernprozesses zurückzuführen sein. Weiterhin wirkt sich nach Stevens, Madden, Slavin und Farnish (1987) lautes Lesen positiv auf das Leseverständnis und die Dekodierfähigkeit aus. Weitere Gründe für die positiven Effekte sind die Kooperation der Schüler, die Diskussion innerhalb der Gruppen und das regelmäßige Lesen. Es ist anzunehmen, dass die Kombination der einzelnen Faktoren die Effektivität der Methode ausmacht.

Da sowohl das Leseverständnis der schwachen als auch der starken Leser – wenn auch nicht gleichermaßen – durch das Training verbessert werden konnte, kann bestätigt werden, dass das reziproke Lehren eine effektive Methode zur Förderung des Leseverständnisses darstellt und sich gut für die Durchführung in Schulklassen eignet.

9.1.2 Lesemotivation

Da durch das kooperative Lernen in Kleingruppen die Lernmotivation theoretisch steigt (vgl. Johnson & Johnson, 2005), war auch eine positive Beeinflussung der Lesemotivation durch das Training anzunehmen. Diese Hypothese konnte jedoch nicht bestätigt werden. Die durchschnittliche Lesemotivation aller Untersuchungsteilnehmer hat sich durch das Training nicht verändert. Eine mögliche Ursache dafür könnte die schlechte Kooperation innerhalb der Gruppen gewesen sein. Vielen Schülern hat das Zusammenarbeiten in der Gruppe oft keine große Freude bereitet. Diese negativen Gefühle könnten die betreffenden Schüler auf das Lesen übertragen haben. Ferner könnte die Steigerung der Motivation auf Grund des mangelnden Interesses an den verwendeten Texten und der geringen Effektivität innerhalb der Gruppen ausgeblieben sein.

Die genauere Untersuchung der Lesemotivation von Mädchen und Jungen hat gezeigt, dass sich bei beiden Geschlechtern keine Veränderungen der Lesemotivation ergeben haben. Unterschiede ergaben sich lediglich bei der Analyse der Lesemotivation der starken und schwachen Leser. Während die Lesemotivation der starken Leser leicht zugenommen hat, ist die Lesemotivation der schwachen Schüler etwas gesunken. Diese Effekte könnten auf die größeren Probleme bei der Anwendung der Strategien und der daraus resultierenden Kritik an den schwachen Lesern zurückzuführen sein. Im Gegensatz zu dieser Gruppe wurden die Strategieanwendungen der starken Leser meist positiv beurteilt. Das Verhalten der starken Leser könnte durch die guten Bewertungen der Lehrerkinder verstärkt worden sein, wodurch die Motivation positiv beeinflusst worden sein könnte. Um negative Rückmeldungen zu vermeiden, könnten sich die schwachen Leser in geringerem Maße beteiligt haben, wodurch die Motivation am Lesen reduziert worden sein könnte.

Bei dem Vergleich der Werte von Mädchen und Jungen fällt auf, dass die berechneten Werte der Mädchen deutlich höher sind als die der Jungen. Dies bestätigt die These der größeren Leselust der Mädchen (vgl. Reifenberg, 2006).

9.1.3 Selbstwirksamkeit

Die Selbstwirksamkeit der Untersuchungsteilnehmer konnte erwartungsgemäß gesteigert werden. Bei Jungen und Mädchen gab es dabei keine signifikanten Unterschiede. Auffällig ist die durchschnittlich höhere Einschätzung der Selbstwirksamkeit durch die schwachen Leser, sowohl in Prä- als auch im Posttest. Sie schätzten sich in beiden Tests durchschnittlich höher ein als die starken Leser es taten. Signifikante Unterschiede zwischen schwachen und starken Lesern in der Steigerung der Selbstwirksamkeit gab es jedoch nicht.

Diese hohe Selbstwirksamkeitseinschätzung der schwachen Leser könnte darauf zurückzuführen sein, dass die Schüler keine defizitäre Dekodierfähigkeit aufweisen, somit Texte problemlos dekodieren können und ihre Probleme beim sinnentnehmenden Lesen selbst nicht wahrnehmen. Weiterhin könnte vermutet werden, dass auf Grund der wenig ausgeprägten Lesemotivation schwache Leser seltener in Situationen geraten, in denen sie mit Problemen konfrontiert werden. Kinder, die häufiger und anspruchsvollere Texte lesen, kommen öfter in solche Situationen, in denen beispielsweise unbekannte Wörter oder unverständliche Sätze vorkommen.

Die Steigerung der Selbstwirksamkeit kann auf ein Nachvollziehen des Nutzens der besprochenen Strategien zurückgeführt werden. Die Schüler haben diese als effektive Werkzeuge für die Textbearbeitung wahrgenommen und eine Steigerung der eigenen Lesekompetenz festgestellt.

9.1.4 Interesse an Sachtexten

Betrachtet man die Entwicklung des Interesses an Sachtexten der gesamten Gruppe, sind keine Veränderungen erkennbar. Die Vermutung, das Interesse an Sachtexten durch das Training steigern zu können, kann nicht bestätigt werden.

Bei der Analyse der Ergebnisse der Jungen und Mädchen fällt auf, dass die Mädchen zu beiden Messzeitpunkten ein deutlich höheres Interesse an Sachtexten haben als die Jungen. Dies bestätigt die These des unterschiedlichen Leseinteresses der Jungen und Mädchen (vgl. Reifenberg, 2006).

Das Interesse an Sachtexten der Mädchen wird durch das Training sogar leicht erhöht, während das der Jungen sinkt. Daraus kann auf ein vermindertes Interesse der Jungen an den behandelten Themen und Texten geschlossen werden. Ein anderes Textgenre könnte sich an dieser Stelle als zweckmäßig erweisen.

Für den Vergleich der schwachen und starken Leser können ähnliche Ergebnisse festgestellt werden. Während das Interesse an Sachtexten der schwachen Schüler zu Beginn höher ist und sich durch das Training noch steigert, sinkt das der starken Schüler. Dieses Ergebnis lässt sich durch die Zusammensetzung der Gruppen erklären. Die Gruppe der starken Leser besteht zu einem Großteil aus Jungs, die – wie oben dargestellt – von Beginn an ein geringeres Interesse an Sachtexten aufwiesen, welches durch das Training noch verringert wurde.

9.1.5 Zusammenfassung

Zusammenfassend lässt sich das Lesetraining in Bezug auf die Variablen Leseverständnis und Selbstwirksamkeit als sehr erfolgreich beschreiben. Das primäre Ziel, nämlich das Leseverständnis zu fördern, wurde erreicht. Die Ergebnisse zeigen deutlich die Verbesserung des Leseverständnisses. Besonders die schwachen Leser konnten enorm von dem Training profitierten und auch das Leseverständnis der starken Leser konnte verbessert werden.

Die Analyse der Selbstwirksamkeitseinschätzung der Schüler zeigt eine signifikante Steigerung der Selbstwirksamkeit.

Was die Lesemotivation und das Interesse an Sachtexten angeht, wurde eine positive Veränderung angenommen. Die Auswertung der Tests konnte dies jedoch nicht bestätigen. Weder die Lesemotivation, noch das Interesse an Sachtexten konnten durch das Training positiv beeinflusst werden. Da es jedoch auch nicht zu einer Verschlechterung der beiden Variablen gekommen ist, sind die Ergebnisse dennoch zufrieden stellend.

9.2 Durchführung des Trainings

9.2.1 Anzahl der Trainingssitzungen pro Woche

Die Anzahl und die Verteilung der Trainingssitzungen mit zwei Stunden pro Woche und einem Tag Pause zwischen den Trainingssitzungen war optimal gestaltet. Da es den Schülern bereits schwer, fiel eine Stunde lang konzentriert die Texte zu bearbeiten, wäre eine Doppelstunde höchstwahrscheinlich nicht besonders effektiv gewesen. Außerdem wird angenommen, dass verteiltes Üben effektiver ist als massiertes Üben.

9.2.2 Motivation der Schüler

Brown hat schon 1988 angemerkt, dass emotionale und motivationale Komponenten in kognitiven Trainings nicht vernachlässigt werden dürfen, ist aber davon ausgegangen, dass das Prinzip des reziproken Lehrens an sich zu einer intrinsischen Motivation der Schüler führt. Ich habe während des Trainings (auch) Gegenteiliges erlebt.

Manche Schüler (vor allem die Mädchen) freuten sich über das Lesetraining und begrüßten es als willkommene Alternative zum herkömmlichen Deutschunterricht. Viele männliche Schüler waren dem Lesen gegenüber oft negativ eingestellt und dementsprechend häufig demotiviert und nutzten die Trainingsstunden, um sich und andere abzulenken und sich mit ihren Mitschülern zu unterhalten. Einige dieser Schüler beteiligten sich gar nicht an der Gruppenarbeit oder störten die Zusammenarbeit der anderen, indem sie sie ablenkten oder unangebrachte Beiträge einbrachten (z.B.: „was bedeutet Hund?" bei der Strategie Klären). Dieses Verhalten verärgerte den Rest der Gruppe und führte zu einem niedrigen Pensum von zwei bis drei Absätzen pro Stunde, weil keine Zusammenarbeit zustande kam und oft nur zwei Schüler daran interessiert waren, den Text mit Hilfe der Strategien zu bearbeiten. Wäre es gelungen, die Jungen besser zu motivieren, hätten sich sicherlich stärkere Effekte auf das Leseverständnis erzielen lassen.

Ein Grund für die geringe Motivation mancher Schüler war das mangelnde Verständnis des Sinns und der Notwendigkeit des Lesetrainings, sodass es als nutzlos erachtet wurde. Ich konnte viele schwache Leser beobachten, die sich dem Training entzogen (und z.B. stattdessen malten) oder die Anwendung der Strategien ins Lächerliche zogen. Mir kam es oft so vor, als hätten gerade die schwachen Schüler ein geringeres Interesse und weniger Motivation, weil sie nicht die Notwendigkeit empfanden, ihre Lesekompetenz zu verbessern, während die starken Leser eher motiviert waren und gerne effektiv in den Gruppen gearbeitet hätten. Diese Beobachtung deckt sich mit dem Befund der höheren Selbstwirksamkeitseinschätzung der schwachen Leser.

De Facto war in vielen Gruppen die Motivation teilweise sehr niedrig, weil sich die Gruppenmitglieder nicht besonders gut miteinander verstanden haben. In diesen Gruppen kam es sehr oft zu Streitigkeiten, beispielsweise bei der Verteilung der Lehrerrolle, was dazu führte, dass manche Schüler die Mitarbeit verweigerten und/oder die Gruppenarbeit störten. In Gruppen, die nur aus Schülern bestanden, die sich sehr gut untereinander verstanden, traten Probleme mit der Konzentration auf das Training auf. Diese Gruppen beschäftigten sich oft anderweitig oder störten gemeinsam den Unterricht.

Die Motivation und damit einhergehend die Qualität der Zusammenarbeit hängt demnach sehr stark von der Zusammensetzung der Gruppe und der Sympathie der Schüler füreinander ab. Die von Johnson und Johnson (2005) aufgestellte These, dass die Zusammenarbeit in einer Gruppe die Motivation der Schüler fördert, kann nicht direkt bestätigt werden. Die Motivation hängt größtenteils von dem Interesse und den Erwartungen der Schüler ab.

Weiterhin waren die starken Leser der Gruppen teilweise mit dem Ablauf und der Beteiligung der anderen Gruppenmitglieder unzufrieden und lasen den Text entweder alleine oder kritisierten ihre Mitschüler wiederholt, was zu weiteren Unruhen in den Gruppen führte.

Wie im Theorieteil beschrieben, werden kognitive und metakognitive Strategien nur angewendet, wenn ausreichend Motivation vorhanden ist. Aus der häufig geringen Motivation können (evtl. negative) Rückschlüsse bezüglich der Ernsthaftigkeit und Häufigkeit der Anwendung von Strategien gezogen werden. Würde es gelingen, die Motivation der Schüler zu erhöhen, könnte die Wirksamkeit des Trainings wahrscheinlich bedeutend gesteigert werden.

9.2.3 Kooperation

Die Kooperation zwischen den Schülern war größtenteils nicht besonders effektiv. Dies lag zum Teil an der für die Schüler beider Klassen neuen Situation der kooperativen Lerngruppen. In beiden Klassen gab es vor allem unter den Jungengruppen sehr viele Pseudogruppen und insgesamt wenig kooperative Lerngruppen.

Keine der Jungengruppen hat dauerhaft gut harmoniert (auch gegen Ende des Trainings nicht). In vielen Gruppen konnte überdies beobachtet werden, dass die Schülerkinder sich als Konkurrenten wahrnahmen und gegeneinander statt miteinander arbeiteten. Die meisten Mädchengruppen hingegen arbeiteten fleißig, ruhig und unterstützten sich gegenseitig. Die Steigerung des Leseverständnisses der Jungen und Mädchen in gleichem Maße ist erstaunlich. Es kann jedoch auf die generell geringere Lesemotivation und die damit einhergehende geringere Leseaktivität der Jungen zurückgeführt werden. Durch die dauerhafte Beschäftigung mit den Texten in Kombination mit der Strategieanwendung konnte so das Leseverständnis gleichermaßen verbessert werden.

Um die Effektivität der Gruppenarbeit und den Zusammenhalt in den Gruppen zu steigern, müssten die Schüler die für kooperatives Lernen grundlegenden Kompetenzen im Voraus erlernen. Besitzen die Schüler die kommunikativen und sozialen Fertigkeiten nicht, kann es zu Dominanz, Passivität und unsozialem Verhalten kommen, was zu einer Verringerung der Motivation führen und die Effektivität des Trainings beeinträchtigen kann.

9.2.4 Dialog

Der Dialog zwischen den Schülern ist eine kritische Variable, da bisher niemand definiert hat, wie der Dialog ablaufen muss, damit positive Effekte erzielt werden (vgl. Rosenshine & Meister, 1994). Die Dialoge der Schüler verliefen größtenteils nicht so, wie es eigentlich vorgesehen war. Anstatt gemeinsam zu diskutieren, gaben sich die Schüler zum Teil mit schlechten Antworten zufrieden oder nahmen nach einer schlechten Strategieanwendung, ohne diese zu diskutieren, ein anderes Kind dran. Insgesamt glich der Dialog in den meisten Gruppen eher einem sturen Abarbeiten der Strategien als einer lebhaften Diskussion. Dies könnte daran liegen, dass die Schüler es nicht gewohnt sind miteinander zu diskutieren. Durch die fehlende Diskussion könnte die Effektivität des Trainings ebenfalls beeinträchtigt worden sein.

9.2.5 Lesematerial

Das Lesematerial war prinzipiell gut für Schüler der Jahrgangsstufe 6 geeignet. Darüber hinaus hätte durch das Angebot drei verschiedener Texte in jeder Stunde die Motivation der Schüler erhöht werden müssen, da ihnen die Freiheit gegeben wurde den Text nach ihrem Interesse auszuwählen und selbständig Entscheidungen zu treffen.

Man könnte jedoch im Hinblick auf die oben beschriebenen Auswirkungen des Trainings auf das Interesse an Sachtexten vermuten, dass die angebotenen Texte nicht dem Interesse der Schüler entsprochen haben und somit die erwarteten Effekte ausgeblieben sind.

Besonders bei den Jungen war wiederholt kein großes Interesse an einem der drei angebotenen Texte zu beobachten. Ein Grund hierfür könnte eine zu geringe Schnittmenge mit den Interessen der Jungen sein, so handelte ein Großteil der Texte von Berufen (z.B. Tierarzt oder Flugbegleiterin) oder Tieren (z.B. Schneeleoparden oder Chamäleons) und nur wenige von Sport (z.B. lustige Sportarten) oder Technik (z.B. WM der Roboter). Es ist erwiesen, dass Schüler, die Interesse für den Textinhalt haben, den Textinhalt tiefer verarbeiten, tieferes Verständnis des Gelesenen erlangen und sich lieber mit dem Text beschäftigen (vgl. Guthrie, Wigfield, Barbosa et al., 2004). Deshalb ist eine möglichst große Schnittmenge des Inhalts der Texte mit den Interessen der Schüler von großer Bedeutung. Weiterhin besteht die Möglichkeit, dass die Texte zu wenig Raum für emotionale Verarbeitung, Streitigkeiten, Meinungen, Konflikte oder Auseinandersetzung bieten und darüber hinaus zu einer Anhäufung von trägem Wissen führen (vgl. Rosenshine & Brown, 1994). Daher sollte zumindest überprüft werden, ob andere Textgenres besser für das Lesetraining geeignet sind.

Keine Gruppe hat es im Laufe des Trainings geschafft einen der Texte komplett durchzulesen, was bei manchen Schülern zu einem Motivationsverlust geführt haben könnte. Die Schüler sollten deshalb zukünftig die Texte über mehrere Stunden hinweg lesen dürfen.

9.2.6 Einnehmen der Lehrerrolle

Das Einnehmen der Lehrerrolle stellte sich für manche Schüler als sehr anspruchsvoll heraus. Alle Schüler übernahmen gerne die Rolle des Lehrers, besonders die schwachen Schüler hatten jedoch Probleme damit, qualitativ hochwertige Rückmeldungen zu geben. Daher wurden die Strategieanwendungen oft nur mit kurzen Rückmeldungen, wie „nicht so gut", „gut", „okay" oder „sehr gut" bewertet, wobei Verbesserungsvorschläge ausblieben. Dies könnte, wie bereits erwähnt, zu einem Motivationsverlust vor allem bei den schwachen Lesern geführt haben.

Manche Lehrerkinder bewerteten die Schülerkinder sogar subjektiv und gaben Schülern, die ihnen unsympathisch waren, negative Rückmeldungen, obwohl deren Strategieanwendung gut war. Dies führte zu Diskussionen innerhalb der Gruppe und bewirkte, dass sich manche Schüler nicht mehr motiviert an der Gruppenarbeit beteiligten.

Weiterhin verteilten manche Schüler Noten, wenn der Trainer nicht in der Nähe war. Dies könnte bei Schülern, die stets schlechte Noten erhielten, zu einem Motivationsverlust geführt haben.

9.2.7 Strategieanwendung

Die Schüler begriffen die Strategien recht schnell und waren nach wenigen Trainingssitzungen in der Lage, jeden Absatz mit den vier Strategien zu bearbeiten. Die Strategieanwendung verbesserte sich bei vielen Schülern enorm. Es gab jedoch auch einige, die sich nicht beteiligten und bis zum Ende des Trainings nicht in der Lage waren eine adäquate Zusammenfassung zu machen. Ein mögliches Problem könnte darin bestehen, dass die Schüler den Nutzen der Strategien nicht verstanden und die Strategieanwendung auf Grund dessen als unbedeutend wahrgenommen haben. Dies könnte wiederum die Motivation negativ beeinflusst und zu einer oberflächlichen Nutzung der Strategien geführt haben.

Die Strategie Klären beschränkte sich durchweg auf das Klären von einzelnen Wörtern und wurde nicht für ganze Sätze oder Textausschnitte genutzt. Die Fragen, die die Schüler stellten, veränderten sich von eher detaillierten Fragen, wie „Was können die Echsen?" zu Fragen, die die wichtigsten Informationen eines Absatzes abfragten, wie z.B. „Wie funktioniert der Farbwechsel der Chamäleons?". Viele Schüler stellten jedoch auch noch gegen Ende des Trainings sehr einfache Fragen, die meistens mit einem Wort beantwortet werden konnten. Zusammenfassungen wurden im Laufe des Trainings immer kürzer und wurden am Ende sogar in eigenen Worten verfasst, während sie anfangs noch sehr nah am Wortlaut des Textes orientiert waren. Die Vorhersagen bezogen sich meist auf den weiteren Verlauf des ganzen Textes anstatt auf den nächsten Abschnitt, wurden aber ebenfalls immer besser und somit wahrscheinlicher.

9.2.8 Ablauf

In einer Klasse mit über 20 Schülern bzw. sechs oder sieben Lerngruppen ist es schwierig, als Lehrer bzw. Trainer auf die speziellen Bedürfnisse jedes Schülers einzugehen und individuell zu helfen. Es besteht kaum die Möglichkeit, sich intensiv mit einer bestimmten Gruppe zu beschäftigen, da sehr oft andere Situationen, wie Streitigkeiten in den Gruppen oder Verständnisprobleme, die Präsenz des Trainers erfordern.

Man kann als Trainer nur grob die Entwicklung einzelner Schüler verfolgen und ist nicht in der Lage, jedem Schüler Feedback zu geben. Zudem sind es meist dieselben Gruppen, die die Aufmerksamkeit des Trainers suchen oder ihn durch ihr Benehmen dazu bewegen, sich mit ihnen zu beschäftigen.

Das Anfangsritual wird von den meisten Schülern als langweilig und überflüssig empfunden. Wenn ein Schüler die Strategien bzw. die Gruppenregeln wiederholte, hörte der Großteil der Schüler nicht zu. Meist wurde es sogar so laut, dass der Schüler, der die Strategien/Gruppenregeln wiederholte, kaum noch zu verstehen war.

In den Klassenräumen war es generell sehr laut, was viele Schüler als störend empfanden und was den Trainer dazu veranlasste oft um Ruhe zu bitten. Im Hinblick auf die Lautstärke und das Chaos, das teilweise in den Klassen herrschte, sind die positiven Effekte sehr bemerkenswert und verdeutlichen die Effektivität dieser Methode auch unter suboptimalen Bedingungen.

9.3 Ausblick

Um die Effektivität des reziproken Lehrens in zukünftigen Studien zu verbessern, könnten eine Reihe von Veränderungen vorgenommen werden. Wie im theoretischen Teil beschrieben, ist für den Einsatz der kognitiven und metakognitiven Strategien die Motivation der Schüler von großer Bedeutung. In zukünftigen Studien sollte daher großer Wert darauf gelegt werden, herauszufinden, wie sich die Motivation der Schüler steigern lässt.

Um die Motivation der Schüler zu steigern, könnte den Schülern am Anfang des Trainings noch deutlicher vermittelt werden, warum das Training durchgeführt wird und wieso sie gerade diese Strategien lernen, um ihnen den Sinn und Nutzen des Trainings zu verdeutlichen. Dafür reichen die in dieser Studie verwendeten 5 Minuten (siehe Trainerleitfaden, Abb. 4) nicht aus.

Die Durchführung des Trainings hat die Defizite der Schüler hinsichtlich des kooperativen Lernens aufgezeigt. Für das reziproke Lehren sowie eine effektive Gruppenarbeit sind jedoch bestimmte soziale Fertigkeiten und die Fähigkeit, mit anderen zusammenzuarbeiten, essentiell. Diese Fertigkeiten dürfen nicht einfach vorausgesetzt werden, sondern müssen gemeinsam mit den Schülern erarbeitet werden (vgl. Johnson & Johnson, 2005). In zukünftigen Studien könnte untersucht werden, ob Schüler, die die nötigen sozialen Fertigkeiten besitzen, mehr von dem reziproken Lehren profitieren als Schüler, die noch nicht über diese Fertigkeiten verfügen.

Würde die Untersuchung belegen, dass Schüler mit einem größeren Repertoire an sozialen Fertigkeiten in stärkerem Maße von dem reziproken Lehren profitieren, gäbe es zwei Möglichkeiten die Effektivität des reziproken Lehrens zu erhöhen. Eine Möglichkeit wäre, die Schüler vor der Teilnahme an einem Lesetraining im kooperativen Lernen zu schulen. Die zweite Möglichkeit bestünde darin, während des reziproken Lehrens die Lesezeit zu verkürzen, um am Ende jeder Trainingsstunde eine Evaluation der Zusammenarbeit durchzuführen. Weiterhin könnten am Anfang des Trainings Maßnahmen zur Identitätsbildung der Gruppen stattfinden, die dazu beitragen könnten, das Zusammengehörigkeitsgefühl der Schüler innerhalb der Gruppen zu stärken und sie so zu einem kooperativeren Arbeiten zu bringen.

Um die Kooperation innerhalb der Gruppen zu fördern und die Lautstärke während des Trainings zu reduzieren, könnten innerhalb der Gruppen weitere feste Rollen verteilt werden. So könnte beispielsweise ein Schüler der Materialwart sein, ein anderer könnte für Ruhe sorgen, usw. Auf diese Weise hätte jeder eine Aufgabe und würde sich so als festen Bestandteil der Gruppe wahrnehmen. Diese Rollen könnten in den Einführungsstunden verteilt und für den Rest des Trainings beibehalten werden.

Eine weitere Möglichkeit die Motivation der Schüler zu erhöhen wäre, ihnen statt den Anwesenheitsstempeln, auf die manche Schüler ohnehin keinen Wert legten, Stempel für gute Mitarbeit, z.B. einen für gute und zwei für sehr gute Beteiligung, zu verteilen.

Da diese Untersuchung ergeben hat, dass die Mädchen dieser Versuchsgruppe zwar die höhere Lesemotivation, die Jungen jedoch das bessere Leseverständnis besitzen, sollte in weiteren Studien untersucht werden, wie die Lesemotivation mit dem Leseverständnis korreliert.

Ein weiterer verbesserungswürdiger – wenn auch kritischer – Punkt ist die Einteilung der Gruppen. In weiteren Untersuchungen sollte herausgefunden werden, welche Gruppenzusammensetzungen zu den positivsten Leistungen führt. Sollte das Training von einem externen Trainer durchgeführt werden, sollte dieser die Gruppeneinteilung zumindest mit dem Lehrer absprechen, um zu verhindern, dass Schüler, die sich untereinander nicht gut verstehen oder dazu neigen, gemeinsam nur destruktive Beiträge zu liefern, in der gleichen Gruppe sind.

Die hier überraschenden Ergebnisse hinsichtlich der Selbstwirksamkeit der starken und schwachen Leser geben Anlass dazu, in folgenden Studien genauer zu untersuchen, wie die Selbstwirksamkeit mit der lesebezogenen Leistungsfähigkeit zusammenhängt.

Da die Jungen mit den Texten oft nicht zufrieden waren und ein geringes Interesse an Sachtexten zeigten, sollte in weiteren Studien untersucht werden, welche Textgenres sich am besten dafür eignen, a) das Leseverständnis zu fördern, b) die Lesemotivation zu erhöhen und c) das größte Interesse der Schüler erzeugen. Die zukünftig verwendeten Texte könnten sich mehr an dem Leseinteresse der Jugendlichen orientieren. Dieses richtet sich dominant auf Unterhaltungsliteratur (13-18 Jährige). Dazu gehören Abenteuer-, Spionage- und Kriminalromane, dicht gefolgt von Dokufiktion (vgl. Dehn, 2001).

Da die Schüler durch das Training dahingeführt werden sollen, wissenschaftliche Texte lesen zu können, ist gewiss nicht jeder Roman sinnvoll. Es könnten jedoch Romane gewählt werden, bei denen ein hoher Grad an Sachwissen vermittelt wird. Der Vorteil der Verwendung von Büchern statt einzelnen Texten könnte darin liegen, dass die Schüler sie in einem individuellen Tempo bearbeiten können. Zudem könnten die Schüler mit der Vorfreude, gemeinsam in ihrem Buch weiterlesen zu können, in das Lesetraining kommen. Weiterhin müsste am Anfang der Trainingssitzung keine Zeit damit verschwendet werden, Texte zu besprechen und auszuwählen.

Diese Untersuchung hat exemplarisch gezeigt, dass das reziproke Lehren einfach und mit Erfolg in den Regelunterricht der Schule implementiert werden kann. In weiteren Untersuchungen wäre es von Interesse, Effekte der Methode im normalen Schulunterricht zu betrachten. Wenn Deutschlehrer die Methode für die Bearbeitung von Lektüren nutzen würden, könnte das Leseverständnis der Schüler gefördert werden, ohne dass der eigentliche Deutschunterricht reduziert wird. Weiterhin könnte die Durchführung eines Lehrers dazu führen, dass die Schüler durch die Benotung ihrer Mitarbeit extrinsisch motiviert werden, was zu intrinsischer Motivation und dadurch zu höheren Effekten des Trainings führen könnte.

In mehreren Studien wurde bereits herausgefunden, dass das Leseverständnis der Schüler durch die Vermittlung von kognitiven Strategien gefördert wird. Die Frage danach, welche internalen kognitiven Prozesse durch die Instruktion und das Üben verändert werden, konnte bis jetzt noch nicht eindeutig beantwortet werden. Um das reziproke Lehren noch effektiver zu machen, sollte dieser Frage in zukünftigen Studien nachgegangen werden.

Im theoretischen Teil wurden zwei verschiedene Verfahren dargestellt, die für die Vermittlung kognitiver Strategien angewendet werden können (siehe 5.3.1). Es konnte bisher noch nicht gezeigt werden, welche Elemente der einzelnen Verfahren am effektivsten sind. Daher muss der Frage nachgegangen werden, wie die kognitiven Strategien am effektivsten vermittelt werden können. Weiterhin stellt sich die Frage, welche Anwendungshinweise am nützlichsten für die Vermittlung von kognitiven Strategien sind.

Um die Effektivität des reziproken Lehrens zu steigern, müssen Untersuchungen folgen, die sich mit der Frage beschäftigen, welche und wie viele Strategien am produktivsten sind. Da keine signifikanten Unterschiede zwischen Studien mit einer unterschiedlichen Anzahl an vermittelten Strategien gefunden wurden, muss es in Zukunft darum gehen herauszufinden, welche Effekte die Vermittlung von einzelnen Strategien oder Kombinationen aus Strategien bewirken.

Aus dieser Untersuchung hat sich die Frage herauskristallisiert, wie man die Schüler dazu motivieren kann, sich engagiert an dem Training zu beteiligen. Weiterhin wäre interessant zu untersuchen, ob die Lautstärke während des Trainings die Wirkung auf das Leseverständnis beeinflusst. Darüber hinaus stellt sich die Frage, ob die Kinder durch das Lesetraining dazu befähigt werden, anspruchsvollere Texte zu verstehen oder ob sich die Verbesserung auf Texte mit gleichem Anforderungsniveau beschränkt.

10. Zusammenfassung

Die Ergebnisse der PISA-Studie 2000 (sowie 2003) haben gezeigt, dass deutsche Schüler im Bereich des Lesens und des Leseverständnisses enorme Defizite aufweisen. Um die Lesekompetenz der Schüler effektiv fördern zu können, ist der Einsatz und die Weiterentwicklung von Programmen zur Förderung der Lesekompetenz von großer Bedeutung.

In diversen Studien konnte gezeigt werden, dass Lernen und somit das sinnentnehmende Lesen durch kognitive, metakognitive und motivationale Komponenten charakterisiert ist (vgl. Brunstein & Spörer, 2006). In Programmen zur Förderung des Leseverständnisses sollten deshalb die Vermittlung von spezifischen Lesestrategien sowie deren Überwachung und korrekte Anwendung vermittelt werden. Außerdem müssen die Schüler zur Anwendung der Strategien motiviert werden.

Das reziproke Lehren ist eine Methode zur Förderung des Leseverständnisses, deren Effektivität bereits in mehreren Studien bewiesen wurde (vgl. Rosenshine & Brown, 1994). Um das Leseverständnis der Schüler zu fördern, werden ihnen vier Lesestrategien vermittelt, die sie in heterogenen Kleingruppen gemeinsam auf einzelne Textabschnitte anwenden und dadurch die Strategieanwendung in Kooperation mit anderen external regulieren und überwachen.

In dieser Untersuchung sollte das reziproke Lehren in den Regelunterricht der Klassenstufe 6 implementiert werden, um zu überprüfen, ob das kompetente Lesen durch die Methode gefördert wird. Weiterhin war von Interesse, ob die Implementierung der Methode in den Regelunterricht möglich ist und welche Schüler am meisten von der Anwendung profitieren.

Die Ergebnisse zeigen exemplarisch die signifikante Steigerung des Leseverständnisses und der Selbstwirksamkeit der Schüler auf. Besonders das Leseverständnis der schwachen Leser konnte beträchtlich gesteigert und somit enorme Rückstände aufgeholt werden. Die Lesemotivation und das Interesse an Sachtexten konnten jedoch nicht gesteigert werden.

Die Durchführung bewies die Möglichkeit, die Methode des reziproken Lehrens effektiv in den Regelunterricht implementieren zu können und von geschulten Lehrern durchführen zu lassen.

Um die Effektivität des Programms noch zu steigern, müssen in folgenden Studien Möglichkeiten gesucht werden, die die Strategievermittlung, die Motivation und die Kooperation verbessern.

11. Anhang

11.1 Literaturverzeichnis

Artelt, C. (2000). *Strategisches Lernen*. Münster: Waxmann.

Artelt, C., Stanat, P., Schneider, W., Schiefele, U. & Lehmann, R. (2004). Die PISA-Studie zur Lesekompetenz: Überblick, und weiterführende Analysen. In U. Schiefele. C. Artelt, W. Schneider & P. Stanat (Hrsg.), *Struktur, Entwicklung und Förderung von Lesekompetenz – Vertiefende Analysen im Rahmen von PISA 2000* (S. 275-304). Wiesbaden: Verlag für Sozialwissenschaften.

Bannach, M. (2002). *Selbstbestimmtes Lernen: Freie Arbeit an selbst gewählten Themen*. Baltmannsweiler: Schneider-Verlag Hohengehren.

Baron, S. & Kerr, N. (2003). *Group Process, Group Decision, Group Action* (2nd edition). Buckingham: Open University Press.

Bednorz, P. & Schuster, M. (2002). *Einführung in die Lernpsychologie* (3. Auflage). München: Ernst Reinhardt Verlag.

Biermann, R. (1986). Konkurrenz oder Kooperation? – Überlegungen zum sozialen Lernen in der Schule. In A. Weber (Hrsg.), *Kooperatives Lernen und Lehren in der Schule* (S. 66-77). Heinsberg: Agentur Dieck.

Boekaerts, M. (1999). Self-Regulated Learning: Where are we today? *International Journal of Educational Research, 31*, 445-475.

Boekaerts, M. & Niemivirta, M. (2000). Self-Regulated Learning: Finding a balance between learning goals and ego-protective goals. In M. Boekaerts, P.R. Pintrich & M. Zeidner (Ed.), *Handbook of Self-Regulation* (S. 417-446). San Diego: Academic Press.

Bronnmann, W., Kochansky, G. & Schmid, W. (1981). *Lernen Lehren, Training von Lehrmethoden und Arbeitstechniken*. Bad Heilbrunn/Obb: Klinkhardt.

Brown, A. L. & Palincsar, A. S. (1989). Guided, Cooperative Learning and Individual Knowledge Aquisition. In L. B. Resnick (Ed.), *Knowing, Learning, and Instruction. Essays in Honor of Robert Glaser* (pp. 393-451). Hillsdale, New Jersey: Lawrence Erlbaum Associates, Publishers.

Brown, R. & Pressley, M. (1994). Self-Regulated Reading and Getting Meaning from Text: The Transactional Strategies Instruction Model and Its Ongoing Validation. In D. H. Schunk & B. Zimmermann (Eds.), *Self-regulation of learning and performance: Issues and Educational Applications* (pp. 42-62). New Jersey: Lawrence Erlbaum Associates, Inc.

Brown, R. (2000). *Group Processes* (2nd edition). Massachusetts: Blackwell Publishers Inc.

Brunstein, J.C. & Spörer, N. (2006). Selbstgesteuertes Lernen. In: D. H. Rost (Hrsg.), *Handwörterbuch Pädagogische Psychologie*, 3. Auflage (S. 677-685). Weinheim: Beltz PVU.

Bundesministerium für Bildung, Wissenschaft, Forschung und Technologie (1998). *Selbstgesteuertes Lernen: Möglichkeiten, Beispiele, Lösungsansätze, Probleme* (Konzentrierte Aktion Weiterbildung). Bonn: Thenée Druck.

Büttner, G., Sauter, F. & Schneider, W. (2005). *Empirische Schul- und Unterrichtsforschung: Beiträge aus Pädagogischer Psychologie, Erziehungswissenschaft und Fachdidaktik.* Lengerich: Pabst Science Publishers.

Crämer, C, Füssenich, I & Schumann, G. (2007). *Lesekompetenz erwerben und fördern.* Braunschweig: Westermann Schulbuchverlag GmbH.

Dehn, M., Payrhuer F. J. & Schulz, G. (2001). Lesesozialisation, Literaturunterricht und Leseförderung in der Schule. In B. Franzmann, K. Hasemann, D. Löffler & E. Schön (Hrsg.), *Handbuch Lesen.* Baltmannsweiler: Schneider Verlag Hohengehren.

Deitering, F.G. (1998). Selbstgesteuertes Lernen. In S. Greif & H.-J. Kurtz (Hrsg.), *Handbuch Selbstorganisiertes Lernen* (2., unveränderte Auflage) (S. 155-161). Göttingen: Verlag für Angewandte Psychologie Göttingen.

Deitering, F. G. (2001). *Selbstgesteuertes Lernen* (2., unveränderte Auflage). Göttingen: Verlag für Angewandte Psychologie.

Demmrich, A. & Brunstein, J. C. (2004). Förderung des sinnverstehenden Lesens durch „Reziprokes Lehren". In G. W. Lauth, M. Grünke & J. C. Brunstein (Hrsg.), *Interventionen bei Lernstörungen. Förderung, Training und Therapie in der Praxis* (S. 279-291). Göttingen: Hogrefe.

Demmrich, A. (2005). *Improving Reading Comprehension by enhancing metakognitive Competences: An Evaluation of the Reciprocal Teaching Method.* Potsdam: Universität Potsdam.

Franzmann, B., Hansemann, K. Löffler, D. & Schön, E. (1999). *Handbuch Lesen.* Baltmannsweiler: Schneider Verlag Hohengehren.

Freudenreich, D. (1986). *Gruppendynamik und Schule.* Darmstadt: Wissenschaftliche Buchgesellschaft, Darmstadt.

Friebel, H. (1997). Lebenslänglich lernen – Wie viel Weiterbildung braucht der Mensch? In M. A. Meyer, G. Otto, U. Rampillon & E. Terhart (Hrsg.), *Lernmethoden Lehrmethoden – Wege zur Selbstständigkeit* (S. 18-20). Seelze: Friedrich Verlag.

Friedrich, H. F. (2002). *Selbstgesteuertes Lernen – sechs Fragen sechs Antworten.* Tübingen/N: Deutsches Institut für Fernstudienforschung an der Universität Tübingen.

Greif, S. & Kurtz, H.-J. (1998). *Handbuch selbstorganisiertes Lernen* (2. unveränderte Auflage). Göttingen: Verlag für Angewandte Psychologie.

Groeben, N. & Hurrelmann, B. (Hrsg.) (2002). *Lesekompetenz. Bedingungen, Dimensionen, Funktionen.* Weinheim: Juventa.

Hasselhorn, M. & Gold, A. (2006). Pädagogische Psychologie: Erfolgreiches Lernen und Lehren. In H. Heuer, F. Rösler & W. H. Tack (Hrsg.), *Standards Psychologie.* Stuttgart: W. Kohlhammer GmbH.

Guthrie, J. T., Wigfield, A., Barbosa, P., Perencevich, K. C., Taboada, A., Davis, M., H., Scafiddi, N. T. & Tonks, S. (2004). Increasing Reading Comprehension and Engagement Through Concept-Oriented Reading Instruction. *Journal of Educational Psychology, 96*, 403-423.

Huber, G. L. (1993). Europäische Perspektiven des kooperativen Lernens. In G. L. Huber (Hrsg.), *Neue Perspektiven der Kooperation* (S. 244-259). Hohengehren: Schneider.

Hurrelmann, B. (2004). Sozialisation der Lesekompetenz. In U. Schiefele, C. Artelt, W. Schneider & P. Stanat (Hrsg.), *Struktur, Entwicklung und Förderung von Lesekompetenz – Vertiefende Analysen im Rahmen von PISA 2000* (S. 37-58). Wiesbaden: Verlag für Sozialwissenschaften/GWV Fachverlage GmbH.

Johnson, D. W. & Johnson R. T. (1995). Cooperative learning and nonacademic outcomes of schooling. The other side of the report card. In J. E. Pedersen & A. D. Digby (Eds.), *Secondary schools and cooperative learning* (S. 81-150). New York: Garland.

Johnson, D. W. & Johnson, R. T. (1999). *Learning together and alone: cooperative, competitive, and individualistic learning*. Massachusetts: Allyn and Bacon.

Johnson, D. W., Johnson, R. T. & Holubec, E. (2002). *Kooperatives Lernen – Kooperative Schule – Tipps – Praxishilfen – Konzepte*. Mühlheim an der Ruhr: Verlag an der Ruhr.

Kölbl, C., Tiedemann, J. & Billmann-Mahecha, E. (2007). Die Bedeutung der Lesekompetenz für Sachfächer. *Psychologie in Erziehung und Unterricht, 54*, 201-210.

Konrad, K. & Traub, S. (2001). *Kooperatives Lernen: Theorie und Praxis der Schule, Hochschule und Erwachsenenbildung*. Baltmannsweiler: Schneider-Verlag Hohengehren.

Krapp, A. & Weidenmann, B. (2001). *Pädagogische Psychologie* (4., vollständig überarbeitete Auflage). Weinheim: Verlagsgruppe Beltz.

Labuhn, A. S., Bögeholz, S. & Hasselhorn, M. (2008). Lernförderung durch Anregung der Selbstregulation im naturwissenschaftlichen Unterricht. *Zeitschrift für Pädagogische Psychologie, 22*, 13-24.

Lauth, G. W., Grünke, M. & Brunstein, J. C. (Hrsg.) (2004). *Interventionen bei Lernstörungen. Förderung, Training und Therapie in der Praxis*. Göttingen: Hogrefe-Verlag.

Lenz, W. (1982). *Grundbegriffe der Weiterbildung*. In Urban – Taschenbücher (Bd. 338). Stuttgart: Kohlhammer.

Lompscher, J. (1997). Selbstständiges Lernen anleiten – Ein Widerspruch in sich? In M. A. Meyer, G. Otto, U. Rampillon & E. Terhart (Hrsg.), *Lernmethoden Lehrmethoden – Wege zur Selbstständigkeit* (S.46-50). Seelze: Friedrich Verlag.

Mandl, H. F. (1992). *Lern- und Denkstrategien – Analyse und Intervention*. Göttingen: Hogrefe.

Marks, M., Pressley, M., Coley, J.D., Craig, S., Gardner, R., DePinto, W. & Rose, W. (1993). Three teacher's adaptions of reciprocal teaching. *The Elementary School Journal, 94*, 267-283.

McElvany, N. (2008). *Förderung von Lesekompetenz im Kontext der Familie*. Münster: Waxmann.

Meyer, M., Rampillon, U., Otto, G. & Terhart, E. (1997). Lernmethoden Lehrmethoden – *Wege zur Selbständigkeit*. In Friedrich Jahresheft (Bd. 15). Seelze: Erhard Friedrich Verlag.

Mietzel, G. (1998). *Pädagogische Psychologie des Lernens und Lehrens* (5., vollständige überarbeitete Auflage). Göttingen: Hogrefe.

Möller, J. & Schiefele, U. (2004). Motivationale Grundlagen der Lesekompetenz. In U. Schiefele, C. Artelt, W. Schneider & P. Stanat (Hrsg.), *Struktur, Entwicklung und Förderung von Lesekompetenz – Vertiefende Analysen im Rahmen von PISA 2000* (S. 101-123). Wiesbaden: Verlag für Sozialwissenschaften.

Neber, H. (2006). Kooperatives Lernen. In: D.H. Rost (Hrsg.) *Handwörterbuch Pädagogische Psychologie* (3., Auflage) (S. 355-361). Weinheim: Beltz Verlag.

Palincsar, A. S. & Brown, L. (1984). Reciprocal Teaching of Comprehension-Fostering and Comprehension-Monitoring Activities. *Cognition and Instruction, 2*, 117-175.

Rabenstein, K. & Reh, S. (2007). *Kooperatives und selbständiges Arbeiten von Schülern – Zur Qualitätsentwicklung von Unterricht*. Wiesbaden: VS Verlag für Sozialwissenschaften.

Rabenstein, K. & Reh, S. (2007). Kooperative und selbständigkeitsfördernde Arbeitsformen im Unterricht. Forschung und Diskurse. In Rabenstein, K. & Reh, S. (Hrsg.), *Kooperatives und selbständiges Arbeiten von Schülern – Zur Qualitätsentwicklung von Unterricht* (S. 23-39). Wiesbaden: VS Verlag für Sozialwissenschaften.

Renkl, A. (1996). Träges Wissen: Warum Erlerntes nicht genutzt wird. *Psychologische Rundschau, 47*, 78-92.

Renkl, A. (2006). Lernen durch Lehren. In D.H. Rost (Hrsg.), *Handwörterbuch Pädagogische Psychologie* (3. Auflage) (S. 416-420). Weinheim: Beltz Verlag.

Reynolds, P. L. & Symons, S. (2001). Motivational variables and children's text search. *Journal of Educational Psychology, 93*, 14–23.

Rheinberg, F. & Krug, S. (1993). *Motivationsförderung im Schulalltag* (3. korrigierte Auflage). Göttingen: Hogrefe.

Rieger, U. (1998). Lernen in Gruppen – Lernen mit Gruppen. In S. Greif & H.-J. Kurtz (Hrsg.) *Handbuch selbstorganisiertes Lernen* (2., unveränderte Auflage) (S. 231-246). Göttingen: Verlag für Angewandte Psychologie.

Rosenshine, B. & Meister, C. (1994). Reciprocal Teaching: A Review of the Research. *Review of Educational Research, 64*, 479-530.

Rost, D. H. & Schilling, S. R. (2006). Leseverständnis. In D. H. Rost (Hrsg.), *Handwörterbuch Pädagogische Psychologie* (3., überarbeitete und erweiterte Auflage) (S. 450-461). Weinheim: Beltz Verlag.

Rost, D. H. (2006). *Handwörterbuch Pädagogische Psychologie* (3., überarbeitete und erweiterte Auflage). Weinheim: Beltz Verlag.

Schaffner, E., Schiefele, U. & Schneider, W. (2004). Ein erweitertes Verständnis der Lesekompetenz: Die Ergebnisse des nationalen Ergänzungstests. In U. Schiefele, C. Artelt, W. Schneider & P. Stanat (Hrsg.), *Struktur, Entwicklung und Förderung von Lesekompetenz – Vertiefende Analysen im Rahmen von PISA 2000* (S. 197- 242). Wiesbaden: Verlag für Sozialwissenschaften.

Schiefele, U., Artelt, C., Schneider, W. & Stanat, P. (2004). *Struktur, Entwicklung und Förderung von Lesekompetenz – Vertiefte Analysen im Rahmen von PISA 2000*. Wiesbaden: VS Verlag für Sozialwissenschaften.

Schneider, W. (2006). Lesen lernen. In D. H. Rost (Hrsg.), *Handwörterbuch Pädagogische Psychologie* (3. Auflage) (S. 433-440). Weinheim: Beltz Verlag.

Schnotz, W. & Dutke, S. (2004). Kognitionspsychologische Grundlagen der Leskompetenz: Mehrebenenverarbeitung anhand multipler Informationsquellen. In U. Schiefele, C. Artelt, W. Schneider & P. Stanat (Hrsg.), *Struktur, Entwicklung und Förderung von Lesekompetenz – Vertiefende Analysen im Rahmen von PISA 2000* (S. 61-97). Wiesbaden: Verlag für Sozialwissenschaften.

Scholz, G. (1996). *Kinder lernen von Kindern*. Hohengehren: Schneider Verlag.

Schreblowski, S. (2003). *Training von Lesekompetenz*. Münster: Waxmann.

Schreiber, B. (1998). *Selbstreguliertes Lernen*. Münster: Waxmann.

Schunk, D. H. & Zimmerman, B. (1998). *Self-Regulated Learning. From Teaching to Self-Reflective Practice*. New York: The Guilford Press.

Schunk, D. H. & Zimmermann, B. (1994). *Self-regulation of learning an performance: Issues and Educational Applications*. New Jersey: Lawrence Erlbaum Associates, Inc.

Segal, J. W., Chipman, S. F. & Glaser, R. (1985). *Thinking and Learning Skills, Volume 1: Relating Instruction to Research*. New Jersey: Lawrence Erlbaum Associates, Inc.

Sharan, S. (Ed.) (1994). *Handbook of cooperative learning methods*. Westport, CT: Greenwood Press.

Simons, P. R. J. & Beukhof, G. (1987). *Regulation of Learning*. Gravenhage: Instituut voor Onderzoek van het Onderwijs.

Slavin, R. E. (1989). Cooperative learning and student achievement. In R.E. Slavin (Ed.), *School and classroom organisation* (S. 129-156). Hillsdale, NJ: Erlbaum.

Slavin, R. E. (1995). *Cooperative learning: theory, research, and practice* (2nd edition). Massachusetts: Allyn and Bacon.

Slavin, R. E. (1991). *Student Team Learning: A Practical Guide to Cooperative Learning* (3rd edition). Washington D.C.: National Education Association.

Spinner, K. H. (2004). Lesekompetenz in der Schule. In U. Schiefele, C. Artelt, W. Schneider & P. Stanat (Hrsg.), *Struktur, Entwicklung und Förderung von Lesekompetenz – Vertiefende Analysen im Rahmen von PISA 2000* (S. 125-138). Wiesbaden: Verlag für Sozialwissenschaften.

Spörer, N. (2003). *Strategie und Lernerfolg: Validierung eines Interviews zum selbstgesteuerten Lernen.* Potsdam: Universität Potsdam.

Spörer, N. & Brunstein, J. C. (2006). Erfassung selbstregulierten Lernens mit Selbstberichtverfahren – Ein Überblick zum Stand der Forschung. *Zeitschrift für pädagogische Psychologie, 20*, 147-160.

Spörer, N., Brunstein, J. C. & Arbeiter, K. (2007). Förderung des Leseverständnisses in Lerntandems und in Kleingruppen: Ergebnisse einer Trainingsstudie zu Methoden des reziproken Lernens. *Psychologie in Erziehung und Unterricht, 54*, 298-313.

Spörer, N., Brunstein, J. C. & Glaser, C. (2007). Aufmerksamkeitskontrolle als Indikator der Selbstregulation und ihr Einfluss auf Schulleistungen: Ergebnisse einer Längsschnittsanalyse. *Psychologie in Erziehung und Unterricht, 53*, 1-11.

Stahl, S. & Hayes, D. (1997). *Instructional Models in Reading.* Mahwah, New Jersey: Lawrence Erlbaum Associates, Inc.

Stanat, P. & Schneider, W. (2004). Schwache Leser unter 15-jährigen Schülerinnen und Schülern in Deutschland: Beschreibung einer Risikogruppe. In U. Schiefele, C. Artelt, W. Schneider & P. Stanat (Hrsg.), *Struktur, Entwicklung und Förderung von Lesekompetenz – Vertiefende Analysen im Rahmen von PISA 2000* (S. 243-273). Wiesbaden: Verlag für Sozialwissenschaften.

Stevens, R. J., Madden, N. A., Slavin, R. E. & Farnish, A. M. (1987). Cooperative Integrated Reading and Composition: Two Field Experiments. *Reading Research ,22*, 433-454.

Streblow, L. (2004). Zur Förderung der Leskompetenz. In U. Schiefele, C. Artelt, W. Schneider & P. Stanat (Hrsg.), *Struktur, Entwicklung und Förderung von Lesekompetenz – Vertiefende Analysen im Rahmen von PISA 2000* (S. 275-304). Wiesbaden: Verlag für Sozialwissenschaften.

Topping, K. (2001). *Peer assisted learning: a practical guide for teachers.* Newton: Brookline Books.

Traub, S. (2004). *Unterricht kooperativ gestalten: Hinweise und Anregungen zum kooperativen Lernen in Schule, Hochschule und Lehrerbildung.* Bad Heilbrunn/OBB.: Klinkhardt.

Weber, A. (1986). *Kooperatives Lernen und Lehren in der Schule.* Heinsberg: Agentur Dieck.

Wiechmann, J. (1999). *Zwölf Unterrichtsmethoden: Vielfalt für die Praxis.* Weinheim: Beltz.Wirth, J. (2004). *Selbstregulation von Lernprozessen.* Münster: Waxmann.

Wittrock, M. C. (1986). *Handbook of research on teaching. "A Project of the American Educational Research Association"* (3rd edition). New York: Macmillan Publishing Company.

Zimmerman, B. J. & Schunk, D. H. (1989). *Self-regulated learning and academic achievement: theory, research and practice.* New York: Springer Verlag New York Inc.

Zimmerman, B. J. (1994). Dimensions of Academic Self-Regulation: A Conceptual Framework for Education. In D. H. Schunk & B. J. Zimmerman (Ed.), *Self-Regulation of Learning and Performance. Issues and Educational Applications.* Hillsdale, New Jersey: Lawrence Erlbaum Associates, Publishers.

Zimmerman, B. J. (1998). Academic studying and the development of personal skill: A selfregulatory perspective. *Educational Psychologist, 33*, 73-86.

11.2 Quellenverzeichnis

http://www.tea.state.tx.us/reading/products/redbk4.pdf
http://www.learn-line.nrw.de
http://www.tagesschau.de/kultur/meldung121686.html

11.3 Abbildungsverzeichnis

Abbildung 1: Zyklen der Selbstregulation 44
Abbildung 2: Das Dreischicht-Modell selbstgesteuerten Lernens 46
Abbildung 3: Drei-Phasen-Modell 47
Abbildung 4: Trainerleitfaden 91
Abbildung 5: Leseverständnis insgesamt 99
Abbildung 6: Leseverständnis als Funktion von Messzeitpunkt und Geschlecht 100
Abbildung 7: Leseverständnis als Funktion von Messzeitpunkt und Leistungsniveau 101
Abbildung 8: Lesemotivation insgesamt 102
Abbildung 9: Lesemotivation als Funktion von Messzeitpunkt und Geschlecht 102
Abbildung 10: Lesemotivation als Funktion von Messzeitpunkt und Leistungsniveau 103
Abbildung 11: Selbstwirksamkeit insgesamt 104
Abbildung 12: Selbstwirksamkeit als Funktion von Messzeitpunkt und Geschlecht 104
Abbildung 13: Selbstwirksamkeit als Funktion von Messzeitpunkt und Leistungsniveau 105
Abbildung 14: Interesse an Sachtexten insgesamt 106
Abbildung 15: Interesse an Sachtexten als Funktion von Messzeitpunkt und Geschlecht 106
Abbildung 16: Interesse an Sachtexten als Funktion von Messzeitpunkt und Leistungsniveau 107